2年で1億円増!

EU、アメリカ、
中国は総崩れ!
ひとり勝ちする
日本株!

国際金融コンサルタント
菅下清廣
SugashitaKiyohiro

ビジネス社

はじめに

株は上がれば下がり、下がれば上がる。これはまったく当たり前のことです。とはいえ、いつも投資家の皆さんを悩ますのは、銘柄選びと売買のタイミングです。

あれこれ資料をあさり、インターネットで調べ、ときには証券会社の窓口に行って、リスクは最小限、投資効果は最大限の銘柄を選ぼうとしているはずで、「いつ買い、いつ売るか」も自分なりに勉強して、タイミングを計っておられるでしょう。

そのよりどころとなるのが、いわゆるファンダメンタルズ（経済の基礎的条件）ですが、企業業績、PER（株価収益率）、ROE（自己資本利益率）など、会社四季報等に載っている多くの数値はあくまで結果であって、どこにも〝未来の数値〟はないのです。

誰も未来には行けないので、これも当然といえば当然の話です。

しかし、ここが肝心。未来を予測するには、独自の視点で株式市場を取り巻く環境を観察し、マクロ、ミクロの両面で相場の流れを読み取る方法を身に付ける必要があります。

私は多くの読者の皆さんから、「目標とする株価、目標とする時間を具体的に予測しているのは菅下さんの本だけですね」と好評をいただいていますが、ファンダメンタルズだけで投資に臨むことこそリスクがあるといえるのです。

テレビの経済番組や雑誌などで、マクロ経済の数値だけを根拠に、すでに誰でも知っているような情報をいろいろ解説しているエコノミストや評論家が大多数ですが、株価の見通しや有望銘柄を具体的に話す人は、ほとんどいません。ですから、個人投資家の皆さんにとってはまったく役に立たない情報ばかりということになります。

私は――手前味噌になりますが――超大化け株のガンホーオンライン、ユーグレナや、最近ではインベスターズクラウド、エボラブルアジアなど、上場後に大幅に値上がりした銘柄を誰よりもいち早く推奨し、投資家の皆さんに喜んでいただいています。

なぜ自信をもってこのような銘柄を推奨することができたのかといえば、「スガシタ流波動論」に基づいて未来予測をしているからです。

本書執筆中に「イギリスEU離脱」のニュースが舞い込んできましたが、リーマンショックの時と同様に、海外リスクによるクラッシュ（暴落）は、後から振り返ると、絶好の買いチャンスということが多いのです。欧州の動揺は、今後も続くと思いますが、基本は押し目（下落）を買って、吹き値（上昇）を売るという投資の鉄則を如何に実行していくかにかかっています。

また、国際情勢不安で、当面、円高が予想されますが、いずれ強い円（円高）、強い日本経済を買う相場、アベノミクス相場の第3ステージが始まるでしょう。その時こそ、戦後6回目の大相場の始まりです。そして「2年で1億円！」を実現するチャンスです。

本書では「スガシタ流波動論」を解説すると同時に、世界経済の分析、国際信用リスク、情報の読み方と分析の仕方、さらには独自の視点で選んだ45の銘柄を紹介しています。アベノミクスが前進すれば、もはや株価は上がるしかありません。本書を参考に読者の皆さんが大きな投資効果が得られるように願っています。

2016年7月

菅下清廣

第1章

株式相場の流れがはっきりわかる波動の読み方

第2章

大停滞の世界経済、前進するアベノミクス

第3章

4つの国際信用リスクと2つの地政学リスク

第4章 スガシタ流情報術の流儀と算命学の奥義

第5章

「2年で1億円！」をめざす爆騰銘柄

【編集部注】株式投資はリスクを伴います。著者も指摘しているとおり、十分にリスクを勘案した上で、読者の皆様の責任において投資の判断をするようお願いいたします。本書を参考にした投資によるいかなる結果に対しても、著者・弊社ともに一切責任を負いません。あらかじめご了承ください。

第1章

株式相場の流れがはっきりわかる波動の読み方

私の3つの相場予測法

相場を予測するために多くのアナリスト、エコノミストが用いている手法といえば、経済成長率や企業業績、物価や為替、あるいは原油価格の変動など、ほぼファンダメンタルズ（経済の基礎条件）をよりどころにしたものです。

しかし、ファンダメンタルズのデータは確かにマクロ的な展望という点で役立つものの、それだけで相場を予測し、株価のゆくえを読み、株式投資で成功することは不可能といえます。

なぜならファンダメンタルズのデータは、公表された時点ですでに相場に反映され、株価に織り込まれていることが多いからです。これでは、そのデータから「今こそ絶好のチャンス」と思って買いに走ってみても、もはや時期を逸していて高値をつかんでしまうことになりかねません。

株式投資で成功するためにはマクロ・ミクロ両面からできるだけ複眼的に相場を予測し、株価のゆくえを読む必要があります。

もちろん、私もファンダメンタルズの面を軽んじているわけではなく、常に必要に応じて注視していますが、より的確に相場と株価の未来を予測するために用いているのが次の3つの方法です。

【波動】……経済や株価の動きは直線的ではなく、12ページの図1に示した上昇、下降、横ばいの3つの波形を描きます。その波形と変動の「波動」から相場の展開を予測します。

波動というと、違和感を覚える方がいるかもしれませんが、経済学の学説としてよく知られている①キチンの波（3年）、②ジュグラーの波（7〜10年）、③クズネッツの波（20年）、④コンドラチェフの波（40〜60年）の4つの波（13ページの図2参照）と同様の「景気循環の波」、つまり循環サイクルのことです。

【イベントの動向】……株価のゆくえを決定づけるイベント、相場世界では材料（株価のゆくえを左右する情報）の動向を注視しています。

イベントは行事や催し物を指すことばですが、例えば、中国の人民元切り下げやギリシャ危機、2014年4月から実施された消費税増税、また直近では、世界中が注目した英

図1　上昇、下降、横ばいの3つの株価変動の波形

景気・株価の波動

景気・株価の波動は上がっているか、下がっているか、横ばいかの 3 種類しかありません。しかも当然一直線ではなく細かく上下しながら動いていきます。なお横ばいの波動は、箱の中で一定の価格帯を上下するように見えることから「ボックス相場」とも呼ばれます。

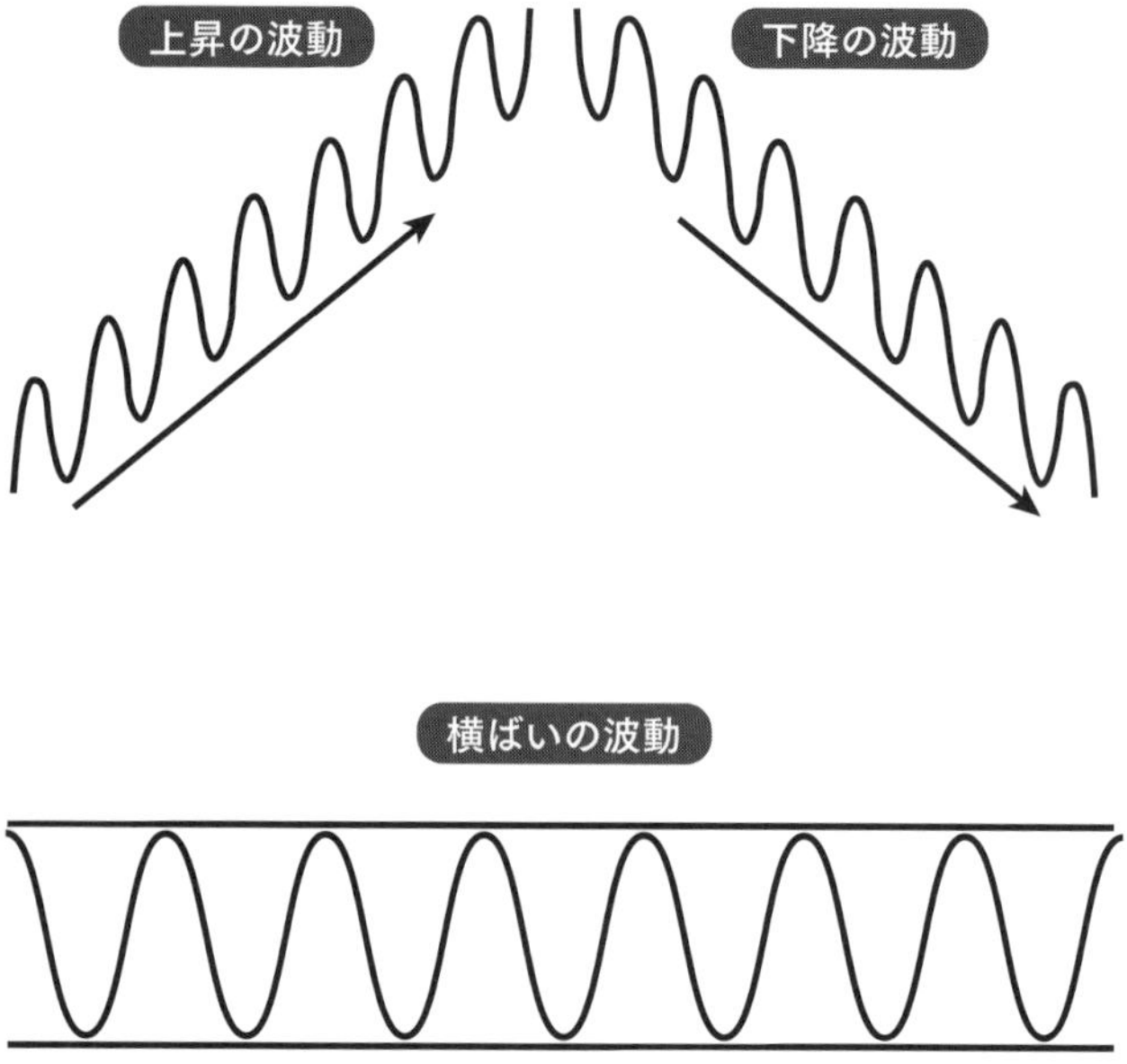

図2　4つの変動サイクル

景気循環の4つの波

1　キチンの波　3年　=「在庫投資循環」

→相場の世界には、小回り3カ月、大回り3年の格言あり

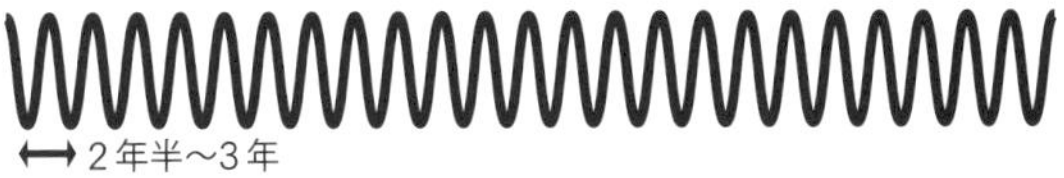

2　ジュグラーの波　7～10年　=「設備投資循環」

→昔から世の中は「10年ひと昔」といわれる

3　クズネッツの波　20年　=「建設投資循環」

伊勢神宮の式年遷宮は 20 年ごと。日本人は古来、建築物の耐久年齢が20年と知っていたのだ

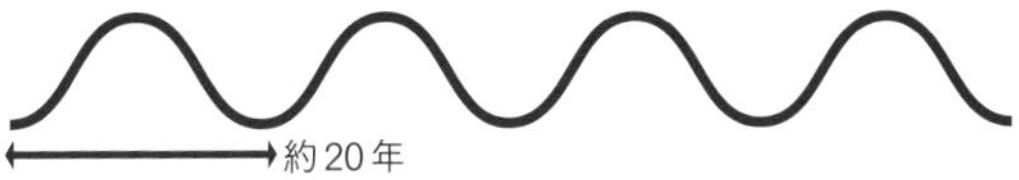

4　コンドラチェフの波　40～60年　=「インフラ投資循環」

ほぼ半世紀ごとに大きな技術革新、社会インフラの大刷新、
パラダイムシフトが起こる

国のＥＵ離脱の衝撃、あるいは２０１６年7月の参議院選挙などの出来事も、私は一括りにして株式相場を左右するイベントと捉えています。

相場の転換点には必ずイベントによる「買い材料」「売り材料」が出ます。とはいえ、材料が出てからでは売買のチャンスを逃してしまうので、勝負どころをいち早く見極めるために、「○○○のイベントが起こると、こうなる」という仮説を立てます。

２０１４年4月からの消費税増税のニュースが影響して、同年年初から10カ月間、日経平均は１万４０００円～１万６０００円のボックス相場（株価が横ばいになっている状態）を形成しました。

そして、同年10月31日に発表された日銀による量的・質的金融緩和政策の第2弾（ＱＥ２）によって日経平均は１万６０００円の壁を突破、同年12月には一時的に１万８０００円を抜く局面がありました。

こうした株式相場の流れを予測し、投資チャンスをモノにするためには、イベントの動向を見極めることが非常に重要です。

【国際情勢の動向】……日本経済や株式市場は世界経済と密接不可分ですから、世界情勢をどのように読むか、具体的には世界のマネーが今どこに向かっているのかを判断することも重要なポイントです。

世界のマネーが向かっているところは「買い」、逆に逃げているところは「売り」ということになります。

例えば、2008年9月に発生したリーマン・ショックまでは、世界のマネーは成長著しいBRICs（ブラジル、ロシア、インド、中国）に向かっていましたが、その後、マネーの大潮流は逆流現象を起こしました。

また、世界のマネーは現在、中国から逃げているので人民元が売られ、中国株が下がっているのです。このように考えると、世界のマネーの動きがわかりやすいです。何も難しいマクロ経済の分析などしなくてもよいのです。そして、BRICsから流出したマネーはどこに行ったのでしょうか？　答えはアメリカですね。なぜなら、その後アメリカの株価は上昇し、米国債の価格も上昇しているからです。世界のマネーはアメリカに向かってアメリカの株は史上最高値をつけ、アメリカ国債も最低金利という水準まで買われてきました。

以上、3つの予測法によって株式相場、株価の未来を読むわけですが、まず波動によって株式相場の大局をつかみ、イベントや国際情勢の動向と照らし合わせながら、マクロからミクロへと投資の視点を絞り込んでいきます。

「価格の波動」と「時間の波動」

波動には「価格（値ごろ）の波動」と「時間（日柄）の波動」があって、どちらかといえば後者のほうを重要視します。

ちなみに「値ごろ」とは、株式を売り買いするのにほどよい値段、「日柄」とは、もみ合い状態などから、時間をかけて適正株価に落ち着くまでの日数のことで、いずれも相場の状況を表すことばとして用いられています。

「価格の波動」は、例外的な変形のケースはあるものの、相場の局面は17ページの図3に示したような形になり、上げの局面も下げの局面もほぼ形が決まっています。

例えば、2015年6月から8月にかけて日経平均は天井を打ち、以降ずっと下落傾向にありますが、現在（2016年6月）の時点で「そろそろ底入れする」ということが、

図3　相場の局面図

価格の波動

ダブルトップ

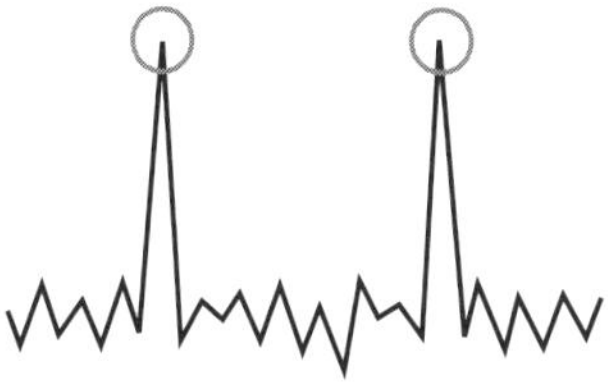

天井圏で高値を 2 回にわたってつけた波動。罫線用語で「二点天井」ともいいます。この局面の後、3 回目の上げの可能性、そしてそれが 3 回目の高値（トリプルトップ）となるのかどうか、きちんとした見極めが必要となります。

ダブルボトム

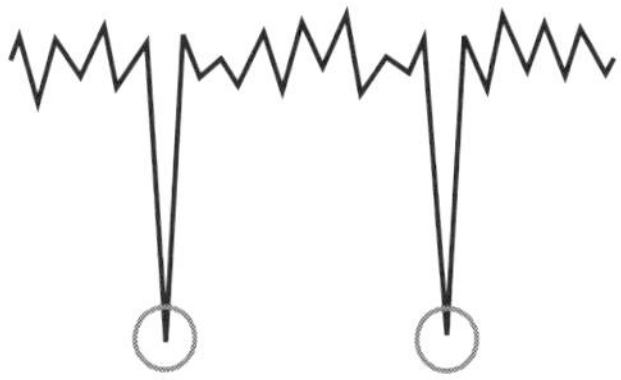

大底圏で 2 回にわたり底値をつけた波動。これで反転して上昇するのか、あるいはさらに 3 回にわたり底値をつけるのか（トリプルボトム）、見極める必要があります。

トリプルトップ

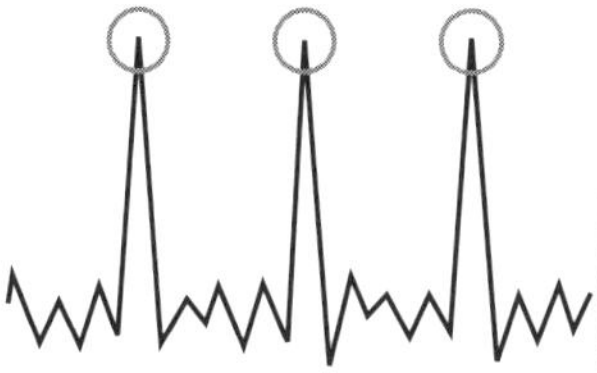

1 回、2 回と高値をつけ、さらに三番天井を迎えた後、下降したらどうなるのか。3 回底値を打って、再び上げに転じるのかを見極める必要があります。上昇した場合、それまでの 3 回分の天井を抜く可能性も出てきます。

トリプルボトム

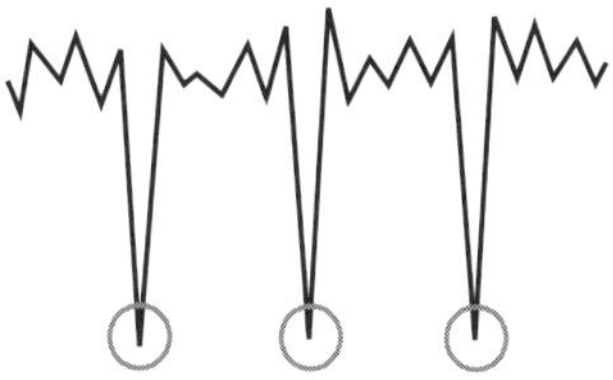

3 回底値をつけ、そこから上昇するトレンド。以前の2回の安値を抜くかどうか、見極める必要があります。

その決まっている波形から読み取れるわけです。「時間の波動」は、一度天井を打ってから、あるいは一度底入れしてから、どれほどの時間で調整が終わるかを読むのに役立ちます。その短期の波動は2～3カ月、くどい場合は6カ月です。あるいは、大きな上昇局面や、下降局面が転換点を迎える日柄は、12～13カ月というのが経験法則です。

2012年11月14日に、旧民主党（現在の民進党）の野田前首相が解散を表明して以降、2013年末までにアベノミクス相場の第1ステージの日経平均は、8000円台から1万6000円台へと急上昇しました。

また、アベノミクス相場の第2ステージでは、2014年4月の安値1万4000円割れから2015年の6月には2万900円近くまで上がりました。こうした大相場後のおよそ12～13カ月でした。前述の日柄に符合します。

一方、長期の「時間の波動」は、先述したキチンの波（3年）、ジュグラーの波（7～10年）、クズネッツの波（20年）、コンドラチェフの波（40～60年）、この4つ「景気循環の波」と連動します。

江戸時代から伝わっている「小回り3カ月、大回り3年」という相場の格言があります。その意味は「短い調整期間は3カ月、長い調整期間は3年」ということですから、「時間の波動」と一致していることがわかります。

「価格の波動」から株価の推移を確認する

相場の未来予測をするためには、今現在の相場がどのような経緯でもたらされたのかを、過去の「価格の波動」から、まず把握しておく必要があります。

21ページの図4は、2009年1月から2016年4月までの日経平均のチャート図です。約7年間にわたるこの図を見ると、いわゆるアベノミクス相場の第1ステージから第2ステージへの流れ（波動）がわかりますし、近い将来の相場のゆくえを予測することができます。

2009年3月10日の7054円が一番底、2011年11月25日の8160円が二番底で、2012年3月27日に1万255円まで上げた後、再び下降し、ボックス相場が続きました。

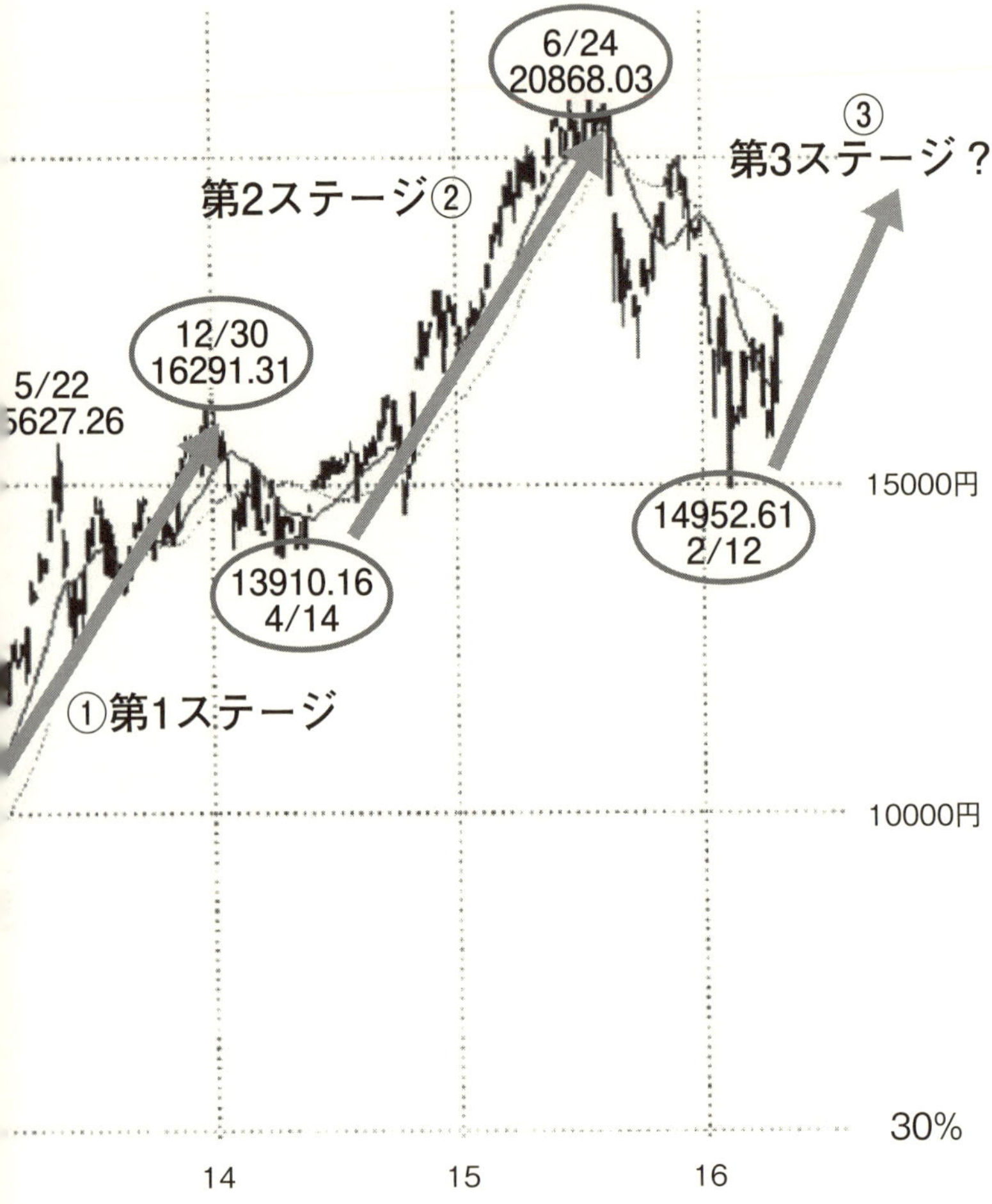
6/24
20868.03
③
第3ステージ？
第2ステージ②
12/30
16291.31
5/22
5627.26
15000円
13910.16
4/14
14952.61
2/12
①第1ステージ
10000円
30%
14
15
16

図4　2009年1月～2016年4月の日経平均

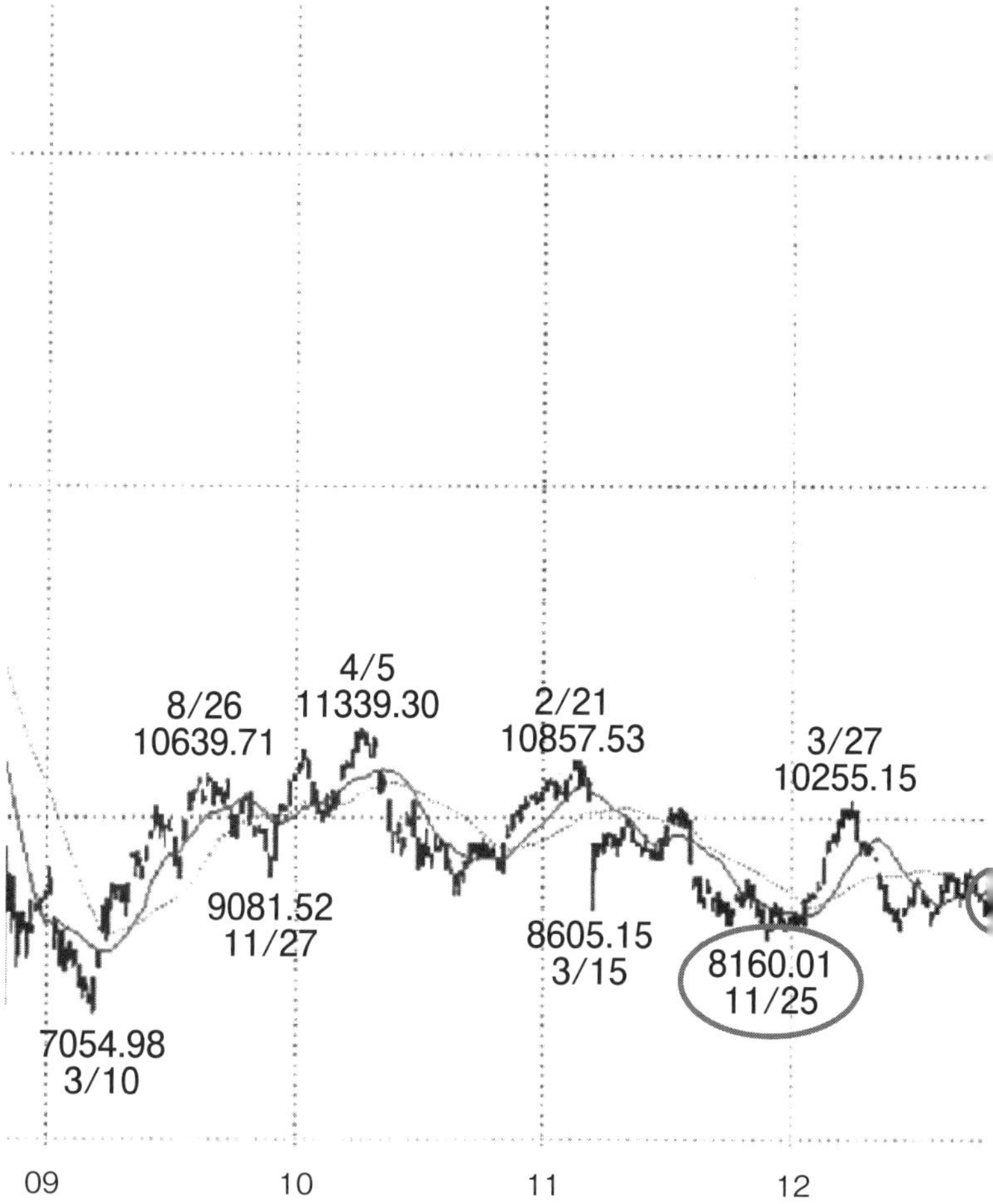

次いで、２０１２年11月14日の野田前政権の解散発表から日経平均が上昇し始め、２０１３年４月４日に発表された日銀による異次元の量的・質的金融緩和政策の第１弾（ＱＥ１）を契機として、２０１３年５月22日に最初の高値（一番天井）の１万５６２７円、同年末の12月30日には１万６２９１円（二番天井）を打ちました。ここまでが図中①のアベノミクス相場・第１ステージの上昇局面です。

そして、相場は二番天井を打った後、調整局面に入るという波動の原則どおりに推移し、２０１４年４月14日には１万３９１０円まで下落して、アベノミクス相場・第１ステージが終了しました。

その後、２０１４年９月末まで約半年間のボックス相場が続き、先にも触れましたが、同年10月31日の日銀によるＱＥ２発表を契機として、２０１５年６月24日には２万８６８円を打つ図中②のアベノミクス相場・第２ステージの上昇局面が形成されました。

「時間の波動」は相場の循環サイクルに当てはまる

長期の「時間の波動」は３年、７～10年、20年、40～60年のサイクルで変動すると先述しました。

前記の図４（21ページ）を見ると、２００９年３月10日に株価は７０５４円（一番底）まで下落したことがわかります。

しかし、多くの投資家は、まだこれを底入れとは見ず、２０１１年10月25日の８１６０円の安値（二番底）で、いよいよ底入れが本格化したと判断しました。この間は２０１２年11月―２００９年３月で、ほぼ「３年半の波動」です。

「相場は一本足で立たない」と昔からいわれているとおり、底入れ（あるいは天井）が一度で決まらないことを知っておく必要があります。

一度底入れしただけで株価が上がり始めたり、逆に一度天井を打っただけで株価が下がり始めたりすることはほとんどありません。

次いで、１９８１年初頭から現在までの約35年にわたる日経平均のチャート図（25ページの図５）を見ると、１９８２年10月の底値６８４９円から株価が上昇し始め、１９８９年12月には３万８９１５円（図中Ａ）の史上最高値の天井を打っていることがわかります。

この間の循環サイクルは「７年の波動」どおり、１９８９年―１９８２年で丁度７年です。

その後、どーんと底入れしたのが２００９年３月で、株価は７０５４円（図中Ｆ）。循

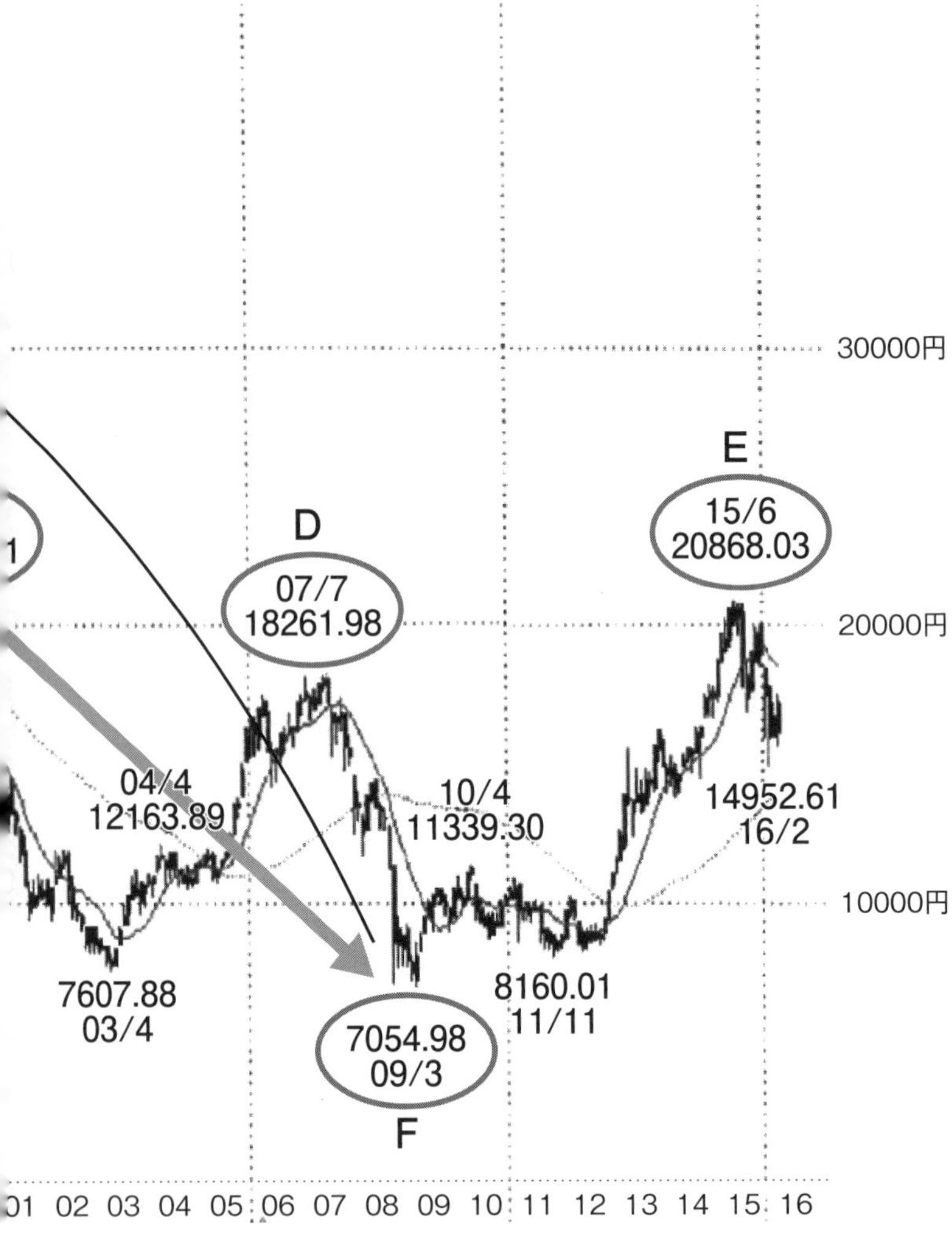
30000円
20000円
10000円
D
07/7
18261.98
E
15/6
20868.03
1
04/4
12163.89
10/4
11339.30
14952.61
16/2
7607.88
03/4
8160.01
11/11
7054.98
09/3
F
01 02 03 04 05 06 07 08 09 10 11 12 13 14 15 16

図5　1981年1月〜2016年4月の日経平均

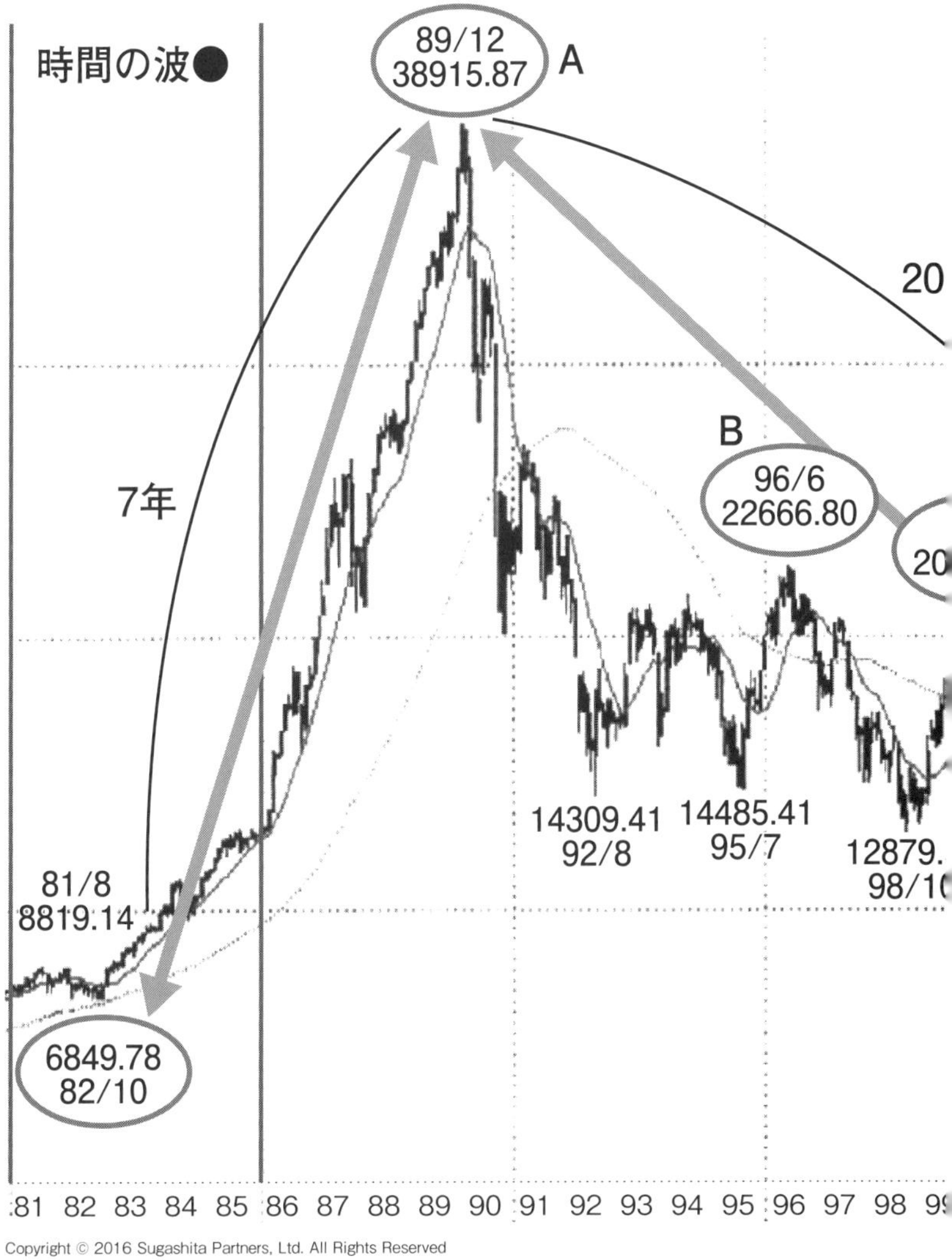

環サイクルは「20年の波動」どおり、２００９年―１９８９年で丁度20年です。しかも株価は１９８２年10月の底値６８４９円にほぼ近い数値に戻っています。

相場は一度天井を打つと、過去の谷（底値）に向かって下がっていきます。また、そこに到達すると底値が形成され、次に前の天井近くに向かって上昇し、再び天井を打ちます。「時間の波動」から見ると、こうした株価の動きは、非常にわかりやすい習性といえますが、過去の株価の歴史が頭に入っていないと、相場の流れを分析することができないので、長期の「40～60年の波動」（27ページの図６）から大局的な流れを把握しておくことが重要です。

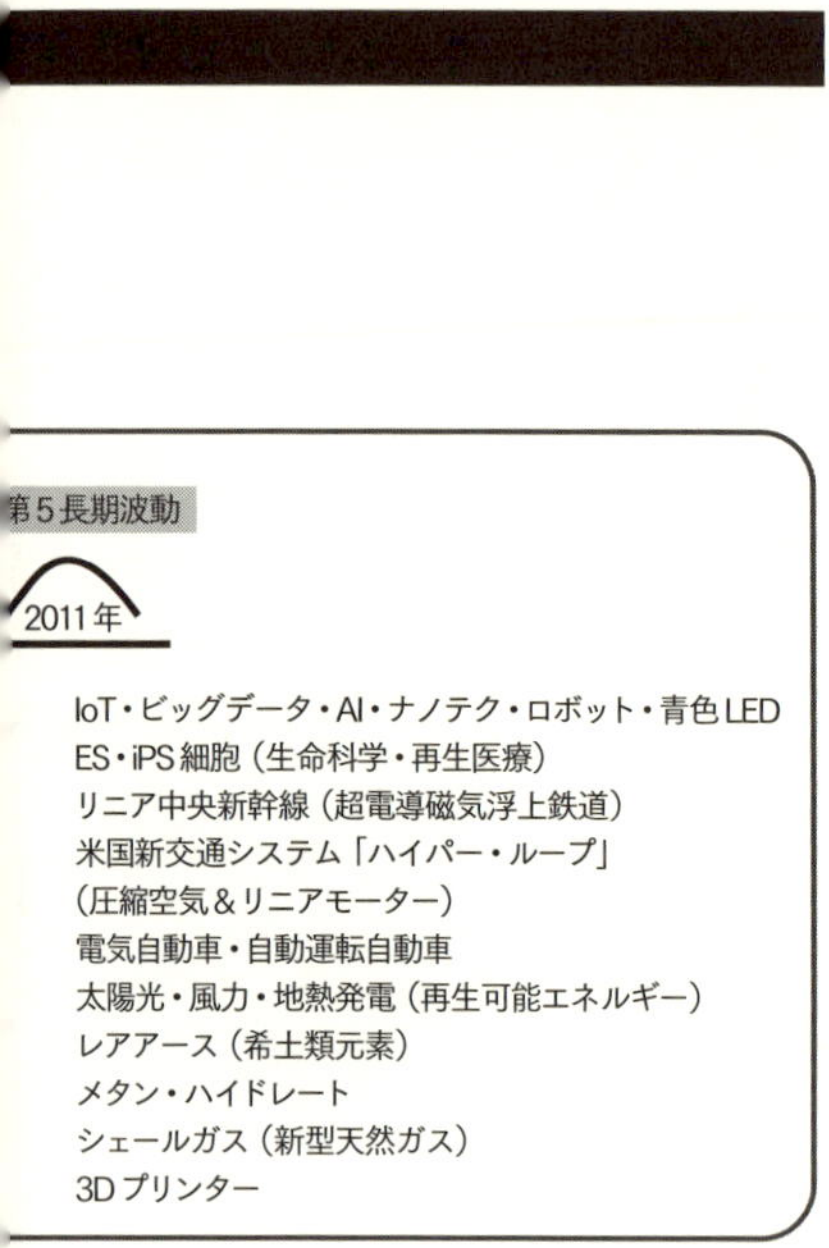

「7年の波動」から大相場は近いと判断できる

では、次の高値はいつ頃かというと、「７年の波動」から２００９年3月を出発点とすれば２０１６年、２０１１年11月

図6　コンドラチェフの波

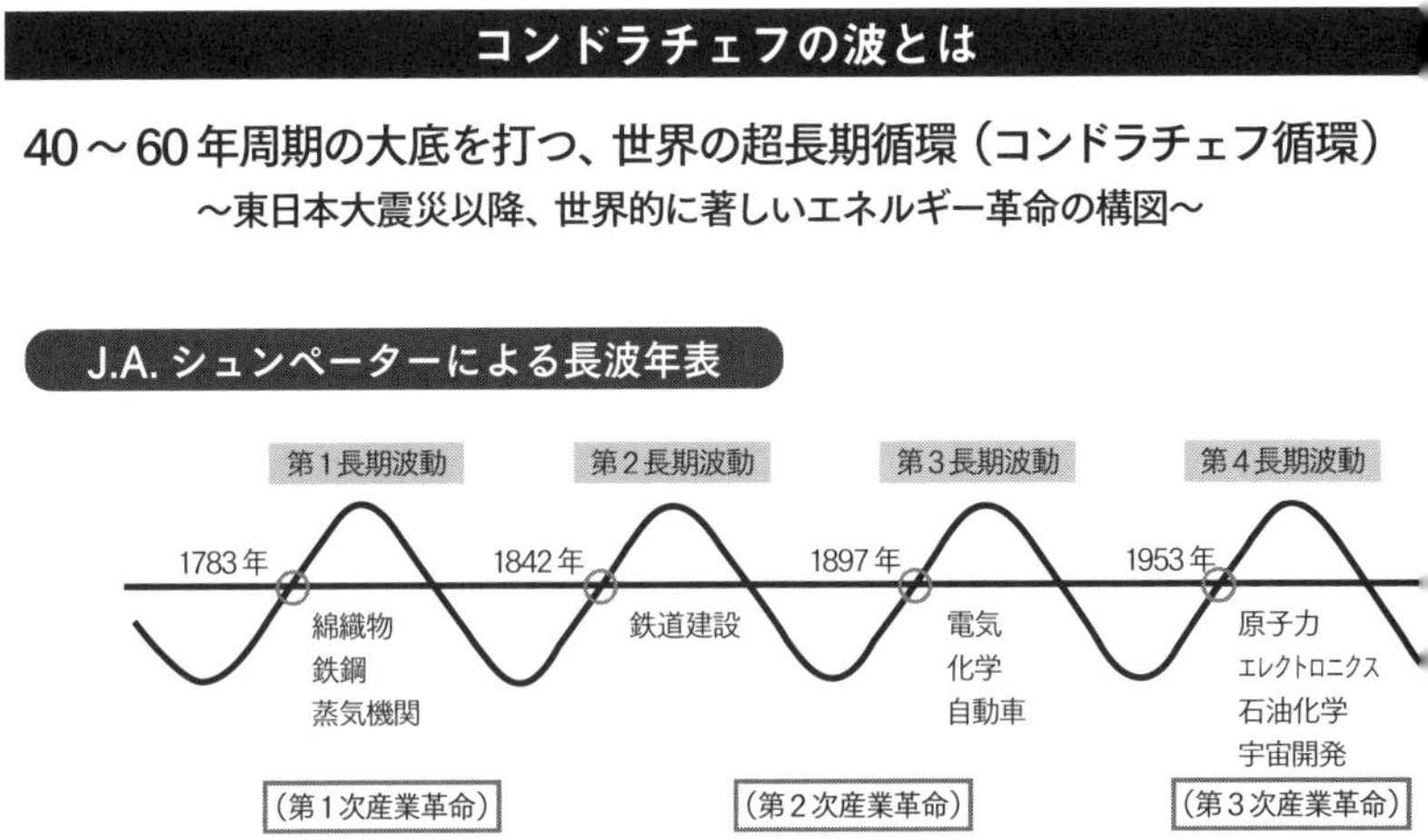

を出発点とすれば２０１８年、野田前政権解散直前の２０１２年11月を出発点とすれば２０１９年と読むことができます。

従って２０１６年の年頭から春先に、私はそろそろ株価は上がっていい頃と思っていましたし、セミナーの際などに「相場が上昇に向かう転換期は近い」と投資家の皆さんに説明してきました。

また、もし２０１６年内にそうならなければ、若干の誤差があるにしても、２０１７年前半

図7 「7年の波動」に基づいた3つの価格ゾーン

※ ＝18,000〜20,000円台←2016年後半
＝20,000〜24,000円台←2018年（半ば）
＝24,000〜28,000円台←2019年（半ば）

までに大相場がくると判断しています。

2012年11月14日を境に日経平均は、8000円台から約2倍の1万6000円台へと急上昇し、アベノミクス相場・第1ステージがもたらされました。その後下落したものの、同・第2ステージで達した2015年6月の2万900円の高値は、2009年3月の底値7054円の約3倍です。

戦後の大相場は5回あり、この5回の大相場を振り返ってみると、安値から最低で3倍、最高で5倍以上になっています。

そこで、「7年の波動」に基づいて、2016年、2018年、2019年の

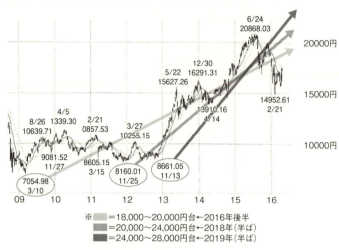

「価格の波動」を予測すると、2016年のゾーンは1万8000円から2万円、2018年のゾーンは2万円から2万4000円、2019年のゾーンは2万4000円から2万8000円に上昇していく可能性が出てきます。

もちろん、この時間軸通りにくるとは限りません。あくまでひとつの目安です。大事なことは、独自の仮説を立てて、日々の情報を分析して、自分の相場予測、仮説の裏づけを取っていくことです。

戦後6回目の大相場が到来するための3条件

前記のような大相場があるとすれば、それは戦後6回目の大相場ということになるわけですが、ただし次の3つ条件がともないます。

①アベノミクスの前進……現在の時点（2016年6月30日）でアベノミクスは前進しているとはいえず、むしろ後退している状態です。周知のとおり、多方面から「アベノミクスの第1の矢、金融緩和政策は失敗だった」とか、1月下旬に導入決定が発表された日本

初の「マイナス金利政策は何の効果ももたらさなかった」と、さんざん批判されています。しかし、大体、エコノミストやアナリストがいっていることは間違っていることが多いので、私はそうした批判を鵜呑みにしませんし、一方的に批判するマスコミの姿勢もいかがなものかとも思っています。

政府内に景気失速懸念が広がるとすれば、アベノミクスを前進させるために何らかの手が打たれるはずで、7月の参議院選挙に勝利することが、その第一関門として控えています。消費税再増税の先送りもそうですが、政府発表の経済政策に注目しておく必要があります。おそらく選挙後、10兆円規模の景気対策や日銀の量的金融緩和策などが打ち出される可能性が高いと見ています。

②株価を左右するイベント……主要各紙等が報道しているように、10兆円規模の財政出動を行うのではないかと思われますが、すでに安倍晋三首相は、伊勢志摩サミット後の6月1日の記者会見で、「デフレからの脱出速度を上げていかないといけない」と述べ、2016年の秋に総合的な経済対策を実施する考えを表明しています。

政府は対策を盛り込んだ2017年度の第2次補正予算案を参院選後の臨時国会に提出

し、成立を目指すことになるでしょう。消費税再増税の先送りと合わせ、政策を総動員して、景気の腰折れ回避に全力を尽くすことが予想されます。

ちなみに余談ですが、同サミットで、安倍首相が需要を喚起する財政出動の重要性を強調し、各国が世界経済の成長に向け、財政や構造改革などすべての政策を用いることで一致したこともさることながら、サミットの最終日に実現したオバマ米大統領の歴史的な広島訪問は、非常に印象深い出来事でした。

③海外のリスク要因……国際情勢が不安定化し、リスクが高まれば、日本株が売られ、円高になります。海外のリスク要因を判断するのはなかなか難しい面がありますが、先行きを読むことは可能です。

現時点で懸念される①原油価格下落、②中国バブル崩壊、③英国離脱によるユーロの動揺、④FRB（米連邦準備制度委員会）の利上げ、以上4つの国際信用リスクについては、地政学的なリスクと共に第3章で述べることにします。

半値戻しの分岐点2万3000円を突破すれば大相場到来は決定的

今現在（2016年6月30日）は次の相場の踊り場、つまり、ざっくりとした株価ゾーンをあげれば下は1万5000円、上は1万8000円のボックス相場が続く調整局面にあります。

しかし、7月の参議院選挙で自民党が勝利してアベノミクスが支持されれば、上の1万8000円の壁を突破する可能性も出てきます。2016年後半の相場は、弱気なら高値は1万8000〜1万9000円止まり、強気なら1万9000〜2万円といったところです。

そして、アベノミクス相場の上昇第3波があるとすれば、先に触れたとおり、その時期は2016年後半から2017年、2018年、2019年の向こう3年の間だと判断しています。ですから、今年2016年はアベノミクス第2ステージ（第2波）という大きな相場が終わった後の調整の年です。言い換えれば、次の上昇相場までの過渡期です。

もし、この後、上昇第3波があるなら、その規模は戦後5回あった大相場と同様で、25

ページの図5に示したとおり、1989年12月の天井3万8915円（A）と、2009年3月の底値7054円（F）との間に引いた線あたりの2万3000円近辺、天井と底値の丁度中間の半値戻しになると思われますし、もし近い将来にこの2万3000円を突破するようなことになれば、戦後6回目の大相場到来が有力になります。

「半値戻しは全値戻し」と格言にあるように、1989年12月の3万8915円（A）をめざす大相場は十分あり得ることで、もし、大相場到来が不発なら、2万2000～2万3000円止まりということになるでしょう。

2016年の後半から2017年の年央くらいまでに、2万3000円を突破することになれば、1996年6月の高値2万2666円（B）を約20年ぶりに超えることになりますから、2016年―1996年＝20年で、「20年の波動」にぴったり一致します。

NYダウ上昇を決定づける3つのイベント

次に日本の株式市場の動きに密接に関係するので、35ページの図8「NY（ニューヨーク）ダウの推移」に目を移してみます。

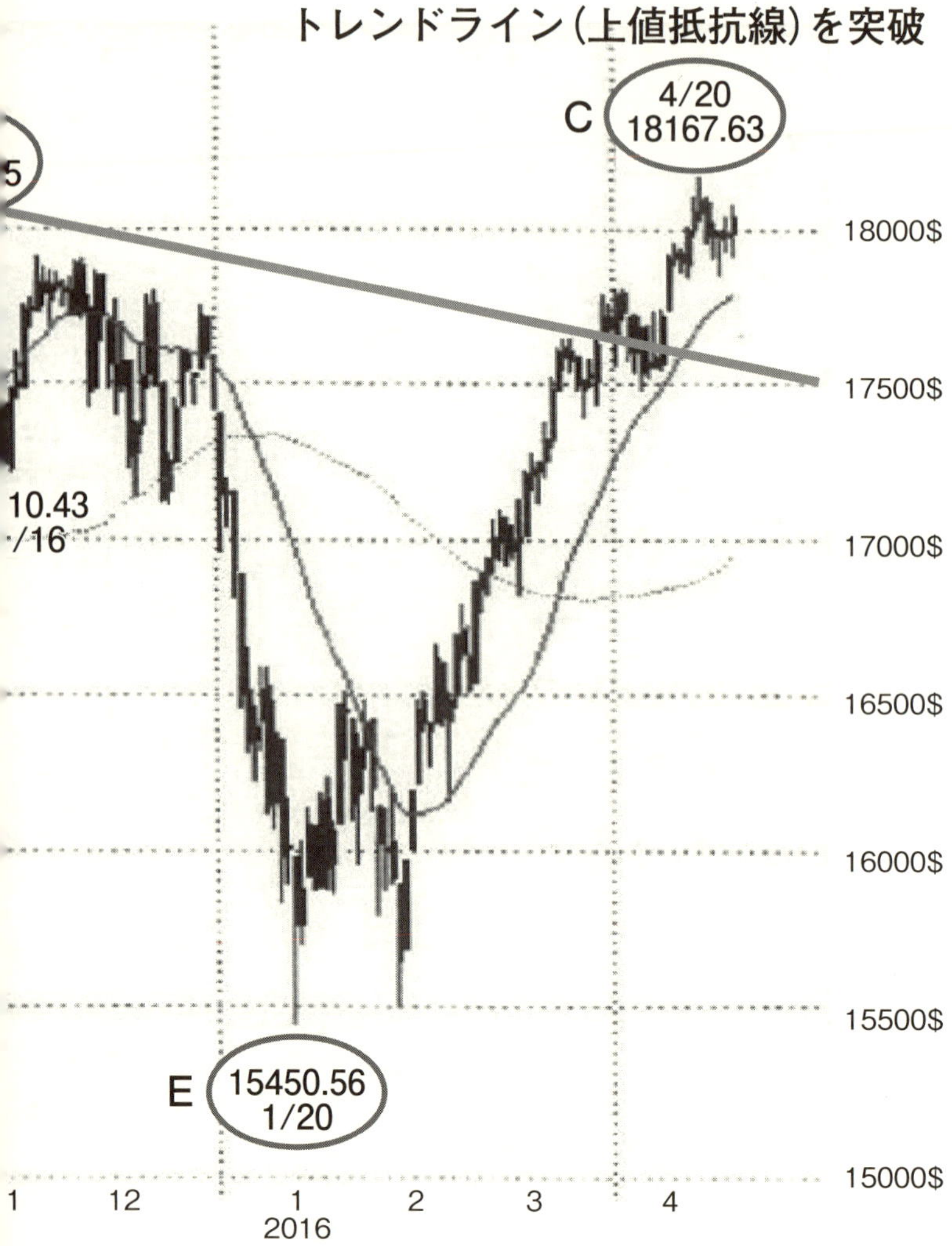

トレンドライン（上値抵抗線）を突破
C
4/20
18167.63
5
10.43
/16
E
15450.56
1/20
18000$
17500$
17000$
16500$
16000$
15500$
15000$
1
12
1
2016
2
3
4

図8　NYダウの推移

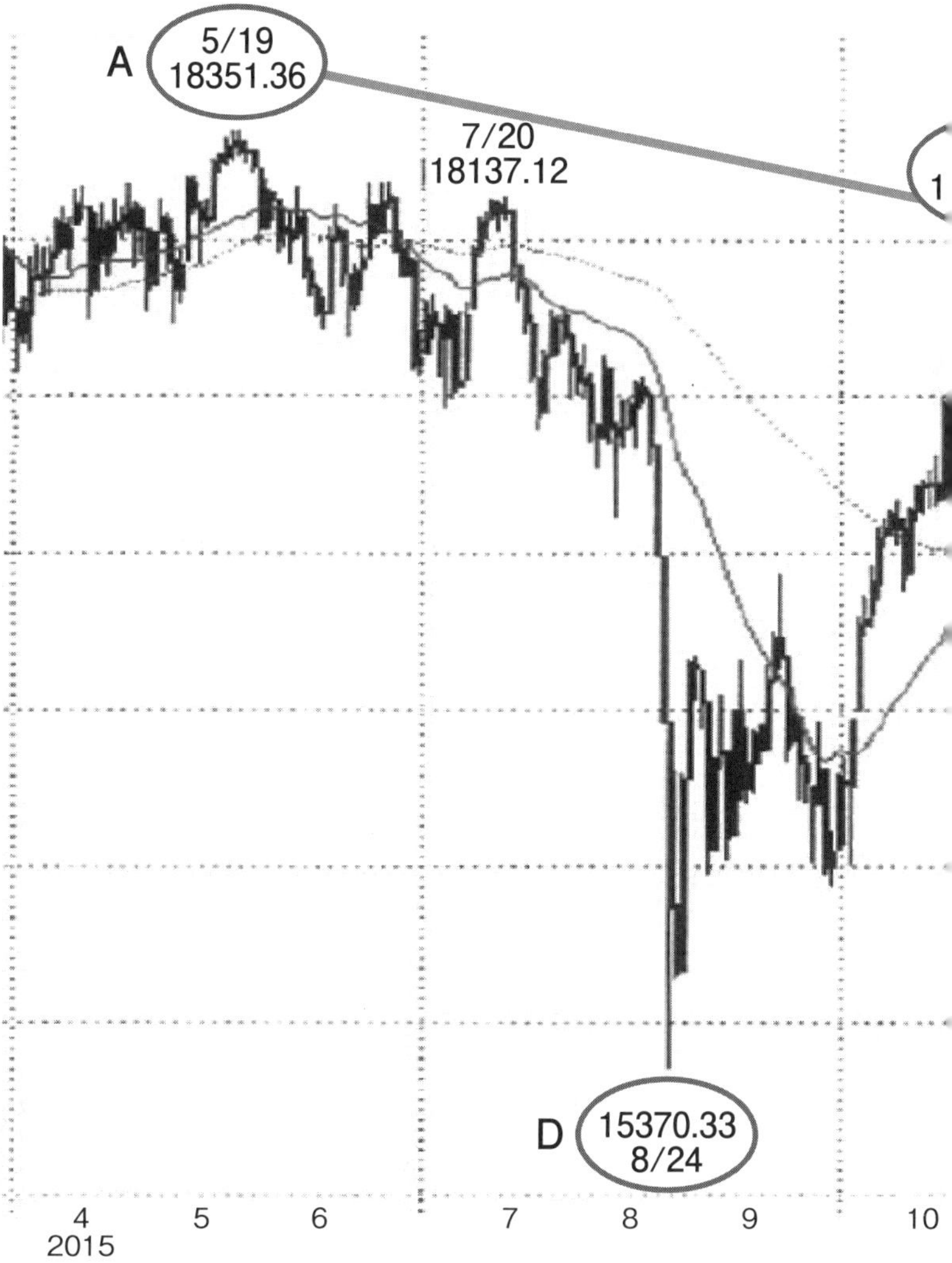

（A）から（B）に向けて引かれている横の線はトレンドライン（上値抵抗線）です。（A）からどう推移しているかというと、（A）に対して（B）と（C）のダブルトップの形になっています。

このトレンドラインから導き出される第1のシナリオは、2015年5月19日の天井1万8351ドル（A）以降の壁、1万8000ドル近辺を上下動するという弱気のシナリオです。ちなみに天井（A）は、日本と同様に2009年3月底を出発点としています。

第2のシナリオは、1万8000ドル近辺の壁を突破して夢の2万ドルに迫るという強気のシナリオです。

では、この強気のシナリオを決定づけるイベントは何かというと、アメリカの①景気が好調であること、②雇用が拡大して賃金が上がること、③FRBが予定どおり利上げ（0・12〜0・25％程度）を少なくても年内に1回以上実施できること、の3つがあげられます。

利上げに踏み切った瞬間にアメリカの株価が下がることがあるかもしれませんが、中長期的にはFRBが利上げできるような環境が整えば強気のシナリオ、でなければ前記の弱気のシナリオになるでしょう。

2万3000円の壁を突破しなければ「日本経済復活」とはいえない

これから日本の株式相場がどうなるかというと、価格と時間の波動、イベントの動向からシンプルに読み取ることができます。

2015年の6月から8月にかけて2万900円台で天井を打ち、2016年の2月12日に1万5000円割れ。その後一度上昇して1万7600円。今現在もこの約1万5000円と約1万8000円の間で、もみ合っている状況が続いています。

このもみ合いが終わるのが早ければ6月、遅くとも8月と仮定した場合、その第1条件は7月の参議院選挙でアベノミクスが支持されることですが、それでも1万8000円の壁を突破しないとすれば、残っている材料は日銀による追加の金融緩和政策しかないということになり、その規模は10兆円から20兆円程度になる可能性があります。

しかし、日銀が金融緩和に踏み切っただけでは壁を突破するのがむずかしく、突破しても前項で述べた次の2万3000円の壁が超えられないとすれば、アベノミクスの前進は果たせないことになります。

おそらく黒田東彦日銀総裁は、2016年の春先に見送った追加の金融緩和に踏み切ると思いますが、同総裁の胸中には「アベノミクスを前進させる方法は金融緩和だけではない。その第3の矢である成長戦略が見えていないではないか、政府はもっと構造改革を進めるべきではないか」というメッセージがあるように思います。

金融緩和に踏み切るとすれば、タイミングは7月の参議院選挙前が効果的なので、私は2016年の7月が有力と見ますが、日銀が動かない場合もありえます。それは、政府の成長戦略を引き出すまでは動かない、金融緩和だけでは限界がある、というメッセージを送る場合です。

ここまでが価格と時間の波動、そしてイベントの動向を組み合わせた第1シナリオです。とはいっても世界のリスクは残っていて、今回のような英国のEU離脱ショックが表面化したときに株価が急落します。世界的リスクが拡大するような状況では、金融緩和を行ったとしても株価の大幅な上昇は難しいという弱気のシナリオになります。

第2シナリオは、1万8000円の壁をなんとか突破して、2万3000円の壁に向かうシナリオです。

これを突破しないことには、日本経済が完全にデフレを脱却して強い日本経済を取り戻すことにはなりません。2万3000円の壁を突破すれば日経平均2万8000円、3万円も見えてくるという強気のシナリオです。

ところで世界の株式市場を見渡してみると、現在、先進国の株価指数はすべて過去の新高値を更新していて日本だけが取り残されている状況です。従って、世界の先進国の株価のパフォーマンスから見て、日経平均株価は過去の大天井（1989年12月の3万8915円）のみならず、4万円台になったとしてもまったく不思議ではありません。

アベノミクスの第3の矢は「GDP600兆円に向けた成長戦略」

では、日経平均が力強く右肩上がりになる条件、アベノミクスの第3の矢とは何かといえば、先頃（2016年6月2日）、政府が閣議決定した「名目GDP600兆円に向けた成長戦略」（次期『日本再興戦略』）です。

40ページに簡略化して掲載しましたが、その冒頭1に「600兆円に向けた『官民戦略プロジェクト10』」と題したテーマが記されています。

なかでも私が注目しているのは①⑤⑧のテーマです。

表1　官民戦略プロジェクト

600兆円に向けた「官民戦略プロジェクト10」(仮称)

❶新たな有望成長市場の創出

① 第4次産業革命(Society5.0)(IoT・ビッグデータ・AI・ロボット)
【付加価値創出:30兆円(2020)】
—自動走行(2020年高速道路での自動走行)、即時オーダーメード生産、スマート工場、FinTech、ドローン(3年以内のドローン配送実現)
—企業・組織の枠を超えたデータ利活用プラットフォーム創出、シェアリングエコノミー、サイバーセキュリティ
—中堅中小企業への導入支援(小型汎用ロボの導入コスト2割減・中小企業1万社を重点支援)等
② 世界最先端の健康立国へ【市場規模:16兆円(2011) ⇒ 26兆円(2020) 】
—健康・予防に向けた保険外サービス促進(4兆円の市場創出)
—IoT等の活用による医療診断・個別化医療・個別化健康サービス(レセプト・健診・健康データを集約・分析・活用)
—ロボットやセンサーを活用した介護の負担軽減 等
③ 環境エネルギー制約の克服と投資拡大
【エネルギー関連投資:18兆円(2014会計年度) ⇒ 28兆円(2030会計年度)】
—省エネ(産業トップランナー制度を3年で全産業の7割に拡大、中小企業の支援)、再エネ(FIT法改正による国民負担抑制と最大導入の両立)、資源安全保障の強化
—節電量取引市場の創設(2017年)、燃料電池自動車の本格的普及など水素社会の実現(2030年に関連投資1兆円)等
④ スポーツの成長産業化【市場規模:5.5兆円(2015) ⇒15兆円(2025)】
—スポーツ施設の多機能化、スポーツとIT・健康・観光・ファッション等との融合・拡大 等
⑤ 既存住宅流通・リフォーム市場の活性化【市場規模:11兆円(2013)⇒20兆円(2025)】
—資産価値を評価する流通・金融等の仕組み構築、インスペクション・瑕疵保険普及 等

---

❷ローカルアベノミクスの深化

⑥ サービス産業の生産性向上【付加価値:343兆円(2014) ⇒ 410兆円(2020)】
—生産性伸び率を２%へ倍増。

トラック・旅館・スーパー等7分野の生産性向上のための法的枠組み、固定資産税軽減、地域金融支援 等
⑦ 農業改革・輸出促進【6次産業市場:4.7兆円(2013会計年度)⇒ 10兆円(2020会計年度)】
—農地集約、生産資材のコスト低減、農産品の流通構造改革
—スマート農業(2020年遠隔監視・無人自動走行)、産業界と農業界の連携体制構築 等
⑧ 観光立国【外国人旅行消費額:3.5兆円(2015)⇒ 8兆円(2020)、15兆円(2030)】
※なお、訪日外国人と日本人の旅行消費額の合計は、約25兆円(2015)⇒29兆円(2020)、37兆円(2030)
—地域観光経営の推進、観光経営人材の育成、広域観光周遊ルートの世界水準への改善、国立公園のブランド化、文化財の活用促進、休暇改革 等
⑨ 2020年オリンピック・パラリンピック競技大会に向けた見える化プロジェクト
—PPP/PFI等による公的サービス・資産の民間開放拡大
【10年間(2013〜2022)でPPP/PFI事業規模を12兆円に拡大(見直し中)】
—「改革2020」プロジェクト(自動走行、分散型エネルギー、先端ロボット等) 等

---

❸国内消費マインドの喚起

⑩官民連携による消費マインド喚起策等

①**第4次産業革命**……2020年を達成目標として、IT、AI（人工知能）、ドローン、ロボット、データ利活用などによって30兆円規模の市場創出をめざすもので、このテーマが実現に向かえば日経平均が爆騰すること間違いなしです。

⑤**既存住宅流通・リフォーム市場の活性化**……2013年の時点での住宅市場規模11兆円を2025年までに20兆円に倍増するというもので、このテーマが関連市場に与えるインパクトは非常に大きいでしょう。古くなった住宅を官民あげて全国的にリフォームしていくことになれば、住宅・不動産の流通革命が起こり、中小型の住宅・不動産株が暴騰するはずです。

⑧**観光立国**……外国人旅行者の2015年の消費額は3・5兆円でしたが、これを2020年に8兆円、2030年に15兆円へと拡大するというもので、国立公園のブランド化、地域観光経営の推進などの施策があげられているので、2020年の東京オリンピックを含めて、首都圏のみならず地方経済の活性化が期待できるテーマです。

相場は第4次産業革命に乗る業績相場へ

強気のシナリオの場合、今後の相場は金融相場から業績相場へ移行していくことになり、テーマ①「第4次産業革命」を買う相場がやってくる、つまり、第4次産業革命で業績が上がっていく銘柄が買われることになるでしょう。

2012年11月から2013年末まで続いたアベノミクス相場の第1ステージ、2014年4月から2015年6月まで続いたアベノミクス相場の第2ステージ、この二つの上昇局面はQE1とQE2が契機となってもたらされたので、金融相場であったことは明らかです。

その後、下落して2016年に入っても金融相場が続き、もみ合い状態にあるので、この金融相場の最終局面は年末まで続くものと思われます。

それまでは、まだ第4次産業革命は本命ではなく、これに先んじてテーマ⑤「既存住宅流通・リフォーム市場の活性化」を先取りした住宅・不動産関連への投資が活発化するはずで、2015年末あたりから大手の関連銘柄を物色する動きが出ています。

金融相場が続く間は、「脱デフレ」をめざしているので住宅・不動産関連が買われることになり、併せて買われるのが主にインバウンド（訪日外国人旅行）にフォーカスしたテーマ⑧「観光立国」関連です。

この間は、日経平均はそれほど上がらないにしても個別の銘柄には5倍、10倍になる中小型株も出てくるはずで、すでに２０１５年末に上場された銘柄のなかにはそうした銘柄が現れています。

その中心は住宅・不動産、インバウンド関連などで、業績は赤字でもマネーゲーム的な銘柄のバイオ関連も物色されています。

金融相場が続く間は、日経平均はせいぜい2万円止まりだとしても、その後、株価が6カ月から10カ月で何と10倍以上になるという銘柄に注目したいと思いますが、次第に金融相場から業績相場に移っていく動きが活発化していき、消費税増税が延期されたことも功を奏して、２０１７年の春先から第４次産業革命の関連銘柄が本命となるのは間違いないところでしょう。

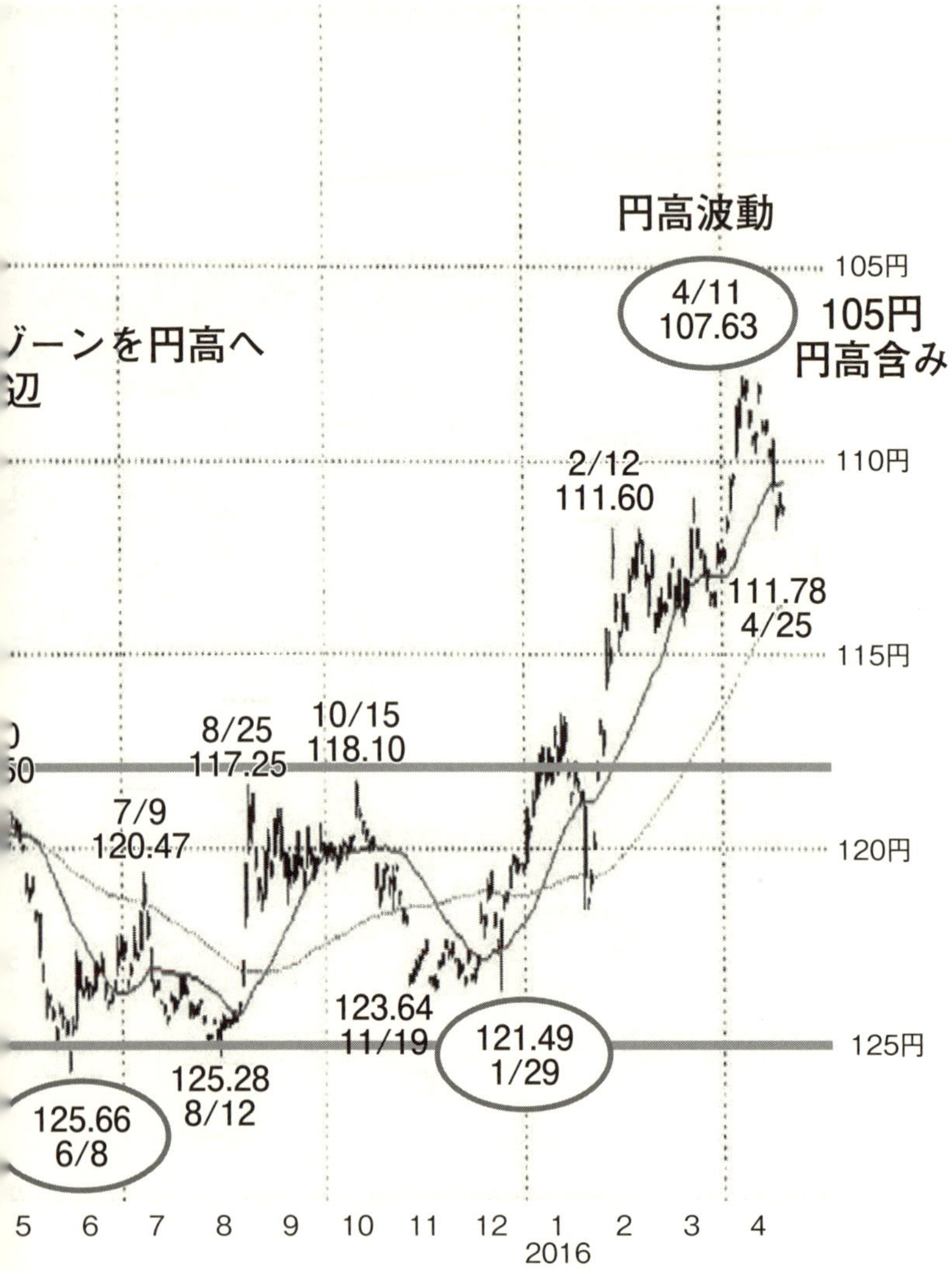
円高波動
4/11
107.63
105円
円高含み
ゾーンを円高へ
辺
2/12
111.60
111.78
4/25
8/25
117.25
10/15
118.10
7/9
120.47
123.64
11/19
121.49
1/29
125.28
8/12
125.66
6/8
105円
110円
115円
120円
125円
5
6
7
8
9
10
11
12
1
2016
2
3
4

図9　円相場の推移

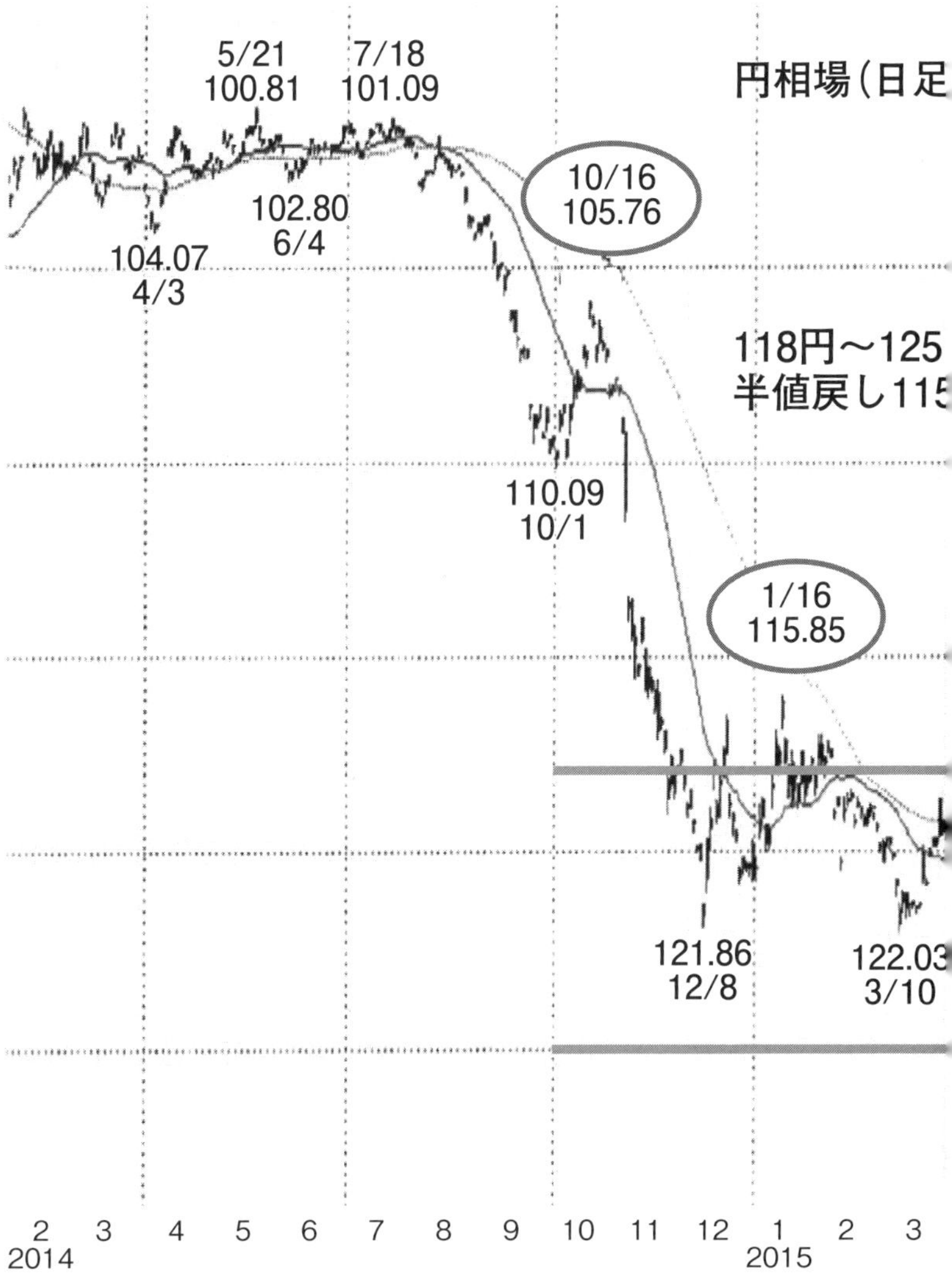

円相場（日足
5/21
100.81
7/18
101.09
10/16
105.76
102.80
6/4
104.07
4/3
118円～125
半値戻し115
110.09
10/1
1/16
115.85
121.86
12/8
122.03
3/10
2
3
4
5
6
7
8
9
10
11
12
1
2
3
2014
2015

金融相場では円高になっても個別物色が続く

ドル円相場は、2015年までの円安がピークで、ほぼ2015年6月8日の125円66銭を上回らない状態が続きました。

2015年から2016年1月までは45ページの図9を見てわかるとおり、125円と118円の間を行き来するボックス相場でした。

それが2016年6月23日の英国のEU離脱ショックで、一時1ドル100円を突破、99円台をつけました。こうなるとなかなか円安には向かわないので、これから100～110円から95～105円くらいの円高ゾーンに入っていく可能性が高まっています。

ですから、輸出関連のトヨタやパナソニックなどはダメだとしても、金融相場では円高になってもドル円相場に左右されない内需関連銘柄の個別物色が続きます。

そして、2017年にやってくる業績相場では、多少円高に振れたとしても内需関連株は上がっていくはずです。その理由はひと言でいえば「良い円高」だからです。今までの円高はデフレ下の円高で日本経済にとっては「悪い円高」でした。

しかし、2017年以降は、次第に日本経済の改善による「良い円高」になりそうです。といっても、せいぜい90円台までと予想します。そして、去年までのような円安にはならないと見ています。そのひとつの理由は、世界のリスクが依然として存在し、そのリスクがもっと続くとなれば、恒常的に円やスイスフランが買われることが予想されるからです。

もう一つの理由は、原油をはじめとする資源の価格が大幅に下落しているので、資源のない日本にとって円高はプラスとなって作用し、今後ますます経常収支が黒字になれば円高になるに決まっているということです。

この二つの理由から当面、円高で推移すると見ているわけで、急激に円高に振れれば、日銀は外国為替市場で円を売ってドルを買う「ドル買い・円売り」の介入に踏み切るでしょう。なぜならデフレリスクが高まるからです。つまりアベノミクスの後退です。

第2章

大停滞の
世界経済、
前進する
アベノミクス

リーマン・ショック以降、世界経済は大停滞しているが……

現在、世界経済は大停滞しています。その最大の要因は、世界経済を牽引するマーケットが不在だということです。

今まではＢＲＩＣｓ、なかでも中国がその役割を担ってきました。しかし、もはや中国にそうした力はなく、一番期待できるのが米国、それに続くのが日本及びアジアという状況です。

世界の国は、デフレの国とインフレの国に大別され、総じて先進国はデフレ化、発展途上国および新興国の多くはインフレ化しており、この二極化が世界経済の成長を阻んでいます。

従って、安倍首相は伊勢志摩サミット（5月26～27日）の際に、日米欧が協力して積極的な経済政策に取り組むべきだと主張していました。おそらく安倍首相の念頭には10兆円規模の財政出動があったのでしょう。

とはいえ、ヨーロッパにおいて財政出動に踏み切ることができるのはドイツだけで、その当のメルケル首相は財政出動に積極的な姿勢を示していません。

期待される米国もまた、安倍首相の「積極的な経済政策を」というメッセージに同意のポーズをとっているだけのように見えました。

米国は2015年に金融緩和をストップして以降、何度も追加利上げに踏み切ると思われてきたものの、イエレンFRB議長は低調な景気回復や5月の雇用統計などをあげ、6月上旬の時点でも追加利上げの時期について言及していません。

また、同議長は米国の生産性が上向くかどうか、あるいはインフレ率が金融当局の目標である2%に向けてどのようなペースで上昇していくかについても不透明感があるとし、グローバルリスクとして中国の経済成長率や、英国のEU離脱の是非をめぐる国民投票をあげていました。

要するに、米国も依然としてデフレから脱却できていないということで、それは10年物国債の長期金利が史上最低の1・7%～2%にとどまっていることを見れば明らかです。

では、この大停滞はいつ始まったのかというと、周知のとおり2008年のリーマン・ショックが契機となって、米国を中心としたグローバル経済のバブルが崩壊し、世界全体の経済活動を低迷させせました。

そして、過去の経験則から判断して、バブルが崩壊するとその回復にどんなに早くても数年かかるとされているところ、日本の場合は、緊縮財政政策への転換や消費税増税などの経済政策のミスによって、「失われた20年」といわれる異例の期間を要したわけです。

しかし、世界経済が大停滞しているからといって、依然として国際信用のリスクが伴うにしても、その先行きがずっと低迷し続けると決まっているわけではありません。前章で紹介した波動の理論を当てはめてみれば、大きな景気のうねりのなかに、投資のチャンスを見出すことはできます。

また、バブルというとマイナスのイメージを持つ人もあるようですが、バブルは急速に破裂せずにゆるやかに収束していけば、決して悪いことではありません。

リーマン・ショック後の景気低迷から脱するために、FRBは歴史的な金融緩和（QE1）に踏み切って資産バブルを起こし、NYダウは、2015年の6月には1万8000ドル台の高値をつけました。リーマン・ショック直後の安値7000ドル割れから2倍以上に株価を引き上げることに成功しています。

デフレかインフレかは長期金利で見分けられる

株式投資を行う上で長期金利は非常に重要です。

例えば、長期金利（長期国債の利回り）、ドル相場、NY株などと金・原油などのコモディティ（資源）は相関関係・逆相関関係にあって、グローバル経済の下では各マーケットが見えない糸でつながっています。

従って長期金利の数値を見れば、その国の為替や株、金・原油が高いのか安いのか、その国がデフレなのかインフレなのかが簡単にわかり、デフレかインフレかは次のように長期金利の数値によって、大ざっぱに区分けすることができます。

【6～8％】……超インフレ状態。7％超えは破綻のリスクが強いとされている
【4～6％】……インフレ状態
【2～4％】……順調な経済状態。1・7％～2％の米国は一応順調な経済状態
【2％以下】……デフレ状態

【0％近辺以下】……超デフレ状態。0％近辺の日本は故にアベノミクス（脱デフレ政策）を推進中

国際金融のマーケットで大事なのは、金利であれ株価であれ、あるいは不動産価格であれ各国と比較することです。

例えば日本の不動産価格が高いのか安いのか、何で判断すればよいかというと、具体的に香港やロンドンなどと比較することが重要で、その目安となるのが、各国の経済状態が端的に表れている長期国債の利回り数値です。

世界で一番買われているのは米国債と日本国債

55ページの表2「主要国の10年物国債の金利（2016年5月13日終値）」から、日本をはじめとしていくつかの国の経済状態を読み取ってみます。

日本（－0・110％）……前記のとおり超デフレ状態で、これを何とかしなければな

表2　主要国の10年物国債の金利（2016年5月13日終値）

地域	銘柄	金利(%)
❶日本	日本10年国債利回り	-0.110
❷中国	中国10年国債利回り	2.922
❸韓国	韓国10年国債利回り	1.785
❹インドネシア	インドネシア10年国債利回り	7,630
❺マレーシア	マレーシア10年国債利回り	3.870
❻タイ	タイ10年国債利回り	1.780
❼シンガポール	シンガポール10年国債利回り	1.960
❽インド	インド10年国債利回り	7.450
❾英国	英国10年国債利回り	1.379
❿ドイツ	ドイツ10年国債利回り	0.128
⓫フランス	フランス10年国債利回り	0.477
⓬イタリア	イタリア10年国債利回り	1.480
⓭トルコ	トルコ10年国債利回り	9.813
⓮ポーランド	ポーランド10年国債利回り	2.676
⓯ハンガリー	ハンガリー10年国債利回り	3.760
⓰南アフリカ	南アフリカ10年国債利回り	9.200
⓱米国	米国10年国債利回り	1.700
⓲カナダ	カナダ10年国債利回り	1.275
⓳ブラジル	ブラジル10年国債利回り	12.237
⓴メキシコ	メキシコ10年国債利回り	5.903

らないわけですが、この数値を見れば消費税増税など論外です。

消費税増税で財政再建するなどという有識者や政治家がけっこういますが、それはマーケットを見ずに金融や経済を机上でしか考えない、財政赤字1000兆円はダメだということしか頭にないわけで、私にいわせれば無知もはなはだしい話です。

増税すれば国民はもっとモノを買わなくなり、金融引き締めとなれば金融（金回り《カネマワリ》）が悪くなって為替が円高に振れ、輸出関連がさらに細って、日本経済は悪化の一途をたどるに決まっています。

アベノミクスを批判している学者やジャーナリスト、主に野党の政治家などは、では、どうすれば景気が良くなるのか、という具体性に富んだ提言はなく、的外れの批判ばかりを繰り返しています。なかには「アホノミクス」などと大衆受けのする発言をしている曲学阿世《きょくがくあせい》（真理を都合よくねじまげて、世間が気に入るような説を提唱すること）の輩《やから》もいますが、日本経済を良くする提言は何もありません。要は、アベノミクスの成長戦略の是非についてさまざまな批判があるにしても、これを超える経済政策が見当たらないというのが現実なのです。

中国（2・922％）……中国の数値はデータを操作しているのであてになりません。推測の域を出ませんが、おそらく6～7％以上というのが実質的な数値で、経済状態は超インフレに近いと思われます。

韓国（1・785％）……韓国もまた経済的なデータを操作しているので、この数値は鵜呑みにできません。とくに韓国債の場合は流通性がなく、売り買いできないところが問題です。中国と同様に実質的な数値はもっと高いと推測します。

インドネシア（7・630％）……超インフレ状態で、破綻のリスクが強まっています。金利がどんどん上がっている理由は政情不安で、実質的な数値はたぶん8～10％だろうと思います。

米国（1・700％）……一応順調な経済状態で、米国債は世界で一番信頼性の高い債券となっています。

グローバルな市場に通じる利回りで、政府が操作することなく、何百億円、何千億円売っても利回り価格がそれほど変わらない、そうした流通性を持っている米国債のような国債が本当の債券市場の指標になっているわけです。これに次ぐのが日本国債で、両者以上の大きなマーケットはありません。

従って、世界のマネーは、ほとんど米国債と日本国債にしか向かわず、例えば、ワンショットで英国やフランスの国債を1億円分買ったとしても、市場性がないのでいずれの国債も急騰してしまいます。

ブラジル（12・237%）……ルセフ大統領が政府会計の不正操作に関わったなどとして弾劾され、政権が崩壊している状態なので、実質的な数値は少なくとも15%に達していて、20%近くになっている可能性もあります。

以上の各国の利回り数値が、私が推定する実質的な数値と異なることに疑問を持つ人がいるかもしれませんが、私は長期金利の動き以外にも、いろいろな情報と照らし合わせて世界情勢を見ながら、各数値が実体に即したものなのか、オーバーもしくはアンダーに操作されたものなのか推測するようにしているので、発表される利回り数値と私の推定数値が乖離することがあります。

ちなみに余談ではありますが、つまりはマーケットが大きく、信頼性の高い米国と日本の国債が一番買われているということなので、格付け会社のスタンダード・アンド・プアーズが、日本国債の格付けを時々下げたりしているのは、まったく無知です。国債市場、マーケットを見ていないのではないでしょうか。世界中の投資家が日本国債を買っているのをどう説明するのでしょうか。財政赤字の数字だけで、国力が判断できるとでも思っているのでしょうか。結論から言えば、格付けの基準はいいかげんだといって過言ではありません。

世界的な信用不安をもたらし、リーマン・ショックのきっかけともなったサブプライムローン（米国の低所得者向け高金利住宅ローン）を最高のトリプルAに格付けしていたことが、その何よりの証拠です。

投資リスクを避けるために各国の情勢、情況を知る

世界の金融マーケットは1年365日、ほぼ休むことなく動いています。従って株式投

資をする上で、いま日本の株は高いのか安いのか、将来どうなるのか、世界のマネーはこれからどこに向かおうとしているのかを、各国の情勢からある程度把握しておくことが肝要です。

経済的な視点で見ると、世界の国々はデフレの国、インフレの国、順調に成長している国に分かれ、デフレもしくはインフレが行き過ぎている国は社会情勢が不安定になりがちです。

そこで各国の情勢を分類してみると以下のように3つに大別されます。

【不安定な国】……ギリシャ、ブラジル、トルコ、ポルトガル、イタリア、スペイン、アルゼンチン、中南米諸国、中東諸国など
【不透明な国】……北朝鮮、中国、中央アジア諸国、アフリカ諸国など
【安定している国】……米国、カナダ、日本、ドイツ、フランス、オランダ、ニュージーランド、オーストラリア、北欧諸国など

不安定な国、不透明な国は、もちろん投資の対象にならない国で、安定している国は投

資の対象になる国であっても、まだデフレから脱却していない点が問題です。

現在、ユーロ圏は大停滞のど真ん中にあり、デフレ脱却の出口に一番近づいているのが米国、その後に日本が続いているという状況です。

世界経済が大停滞している最大の理由は「富の偏在」

では、どうして安定している先進国がデフレ不況からなかなか抜け出せずに、依然として世界経済が大停滞しているのか……。

デフレ脱却の出口を見出すために世界の経済学者が模索し、さまざまな論文を発表しているなか、ビル・クリントン政権時代に労働長官を務めたロバート・ライシュという米国の経済学者が『余震（アフターショック）そして中間層がいなくなる』（2011年　東洋経済新報社）という本を著しています。

彼は本書のなかでリーマン・ショック後、世界経済が大停滞している最大の理由は「富の偏在」、つまり所得格差にあると指摘しており、その論旨は『21世紀の資本』と題するベストセラー本で世界的に脚光を浴びたフランスの経済学者、トマ・ピケティとほぼ同じです。

なかでもとくに興味をひかれたのは、１９２９年の世界大恐慌の際、米国のわずか０・１％の富裕層が国民総所得の90％を占有していたが、この占有率は２００８年のリーマン・ショックの際にもぴったり当てはまり、トップの金満層が23％になるとバブルが崩壊するとデータで示している点です。

現在、デフレ化している先進国もまた、ごく一部の富裕層に富が集中し、中間所得層の購買力が落ちて消費が伸びない状況に陥っています。つまり「富の偏在」によって中間所得層が細っていき、貧困化していることが経済停滞の最大要因になっています。つまり、総需要の低下が続いているのです。

ロバート・ライシュのこうした指摘は、実は私が株式相場の予測法として活用している算命学の日本における開祖、故・高尾義政氏がいまから30年以上も前に述べていたことと一致しています。

算命学は中国の春秋時代に時代の推移（国家のトレンド）を予測する学問として発達。また政治・軍略の要として用いられ、そのルーツは道教、その下に芽生えたのが易経などです。

日本に算命学がもたらされたのは戦後になってからで、中国の算命学宗家からその理論を受け継いだ文学博士の髙尾義政氏によって広められ、同氏が著した書籍に『悠久の軍略（東洋史観〈1〉）』（1985年　菜根出版）という本があります。

同書のなかに、日本の高度成長期とその後の「富の構成」について、簡略化すると、

「高度成長が続く間は国民が競い合ってクルマ、テレビ、冷蔵庫、クーラーなどを購入し、その分厚い中間所得層の消費活動によって経済は右肩上がりになり、日本経済は支えられていくが、少数の富裕層と貧困層、多数の中間所得層の比率構成は、やがて大きく変わり、中間所得層が細っていき貧困層が増えていく」

というように、図形（64ページの図10参照）を用いつつ近未来を予測している箇所があり、いまから30年も前に出された記述内容が現在の日本の姿とぴったり一致していることに驚かされます。

図10　『悠久の軍略（東洋史観〈1〉』に描かれている日本の社会

今の日本の社会、経済の姿は、
すでに 30 年前に指摘されていた。

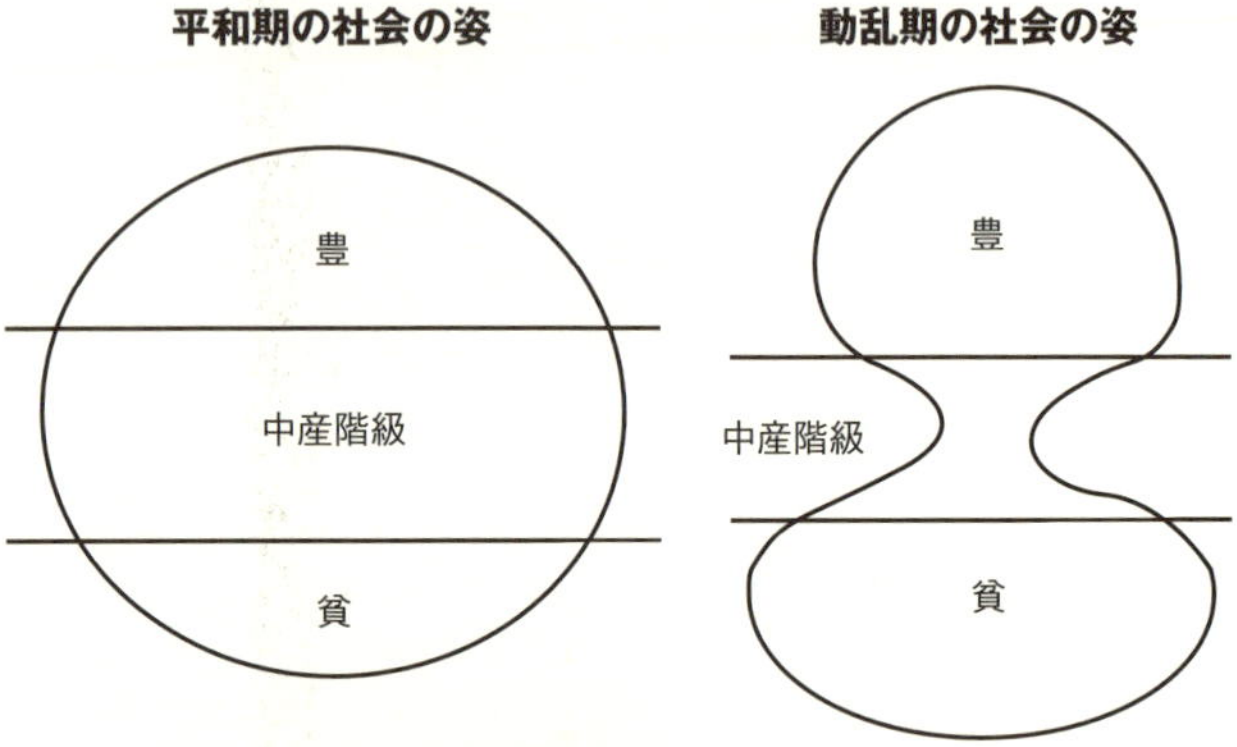

『悠久の軍略』

国同士の戦い＝戦争だけでなく、企業、家庭、個人など、人間が生きていくことは、つねに戦うことと定義し、そのために必要な考え方＝軍略を説いた 1 冊。

『悠久の軍略（東洋史観〈1〉）』
（高尾義政著 高尾学館）より

中間所得層の活性化がデフレ脱却につながる

では「富の偏在」をなくすには、どうすればよいのか……。

デフレ不況に悩む先進国は、前項で述べたとおり〝国家の成長エンジンである中間所得層〟が細っているわけですから、貧困層への支援策を一方的なバラマキとならないように講じつつ、中間所得層を再び分厚い層に戻していく、そのための有効な経済政策を順次行っていくほかないといえます。

これまで日米欧が採ってきた金融緩和とゼロ金利の政策、日本の場合はこれに加えて財政出動、消費税増税の延期など、こうした政策をいずれの先進国も時に応じた形で実行していくことが必要でしょう。

また、日本は「消費者物価指数2％」という目標をずっと掲げてきましたが、この目標に近づくように、中間所得層の購買力アップを図ることができれば、どの先進国もデフレ不況から脱却できるはずです。

〝国家の成長エンジンである中間所得層〟が活性化しない状態とは、国の経済が停滞したままで、人の体に喩えるなら、心臓が順調に機能せずに体のすみずみまで血液が行きわたらないようなものです。

一番分厚い中間層が働き、それなりの所得を得て、消費活動が活発になるということは、まさに全身の血液循環がよくなるのと同じで、当然、国や地方に税収増をもたらし財政再建にもつながります。

現在の日本は、先述したように超デフレ状態にあって、国内消費マインドの喚起や産業構造の転換とともに、産業競争力、企業力のアップを総合的にテコ入れする必要に迫られています。

何としても、こうした条件を解決していくことができれば、中間所得層がうるおうことになり、「富の偏在」といういびつな構造も是正されていくに違いありません。

従って、安倍政権はかねてからの「日本経済を建て直す」というスローガンに違《たが》わず、前章でも触れましたが、次期の日本再興戦略として「官民戦略プロジェクト10」という新成長戦略のテーマを掲げたわけです。

その一番目の「第4次産業革命」の内容項目に列記されているIT、AI（人工知能）、ドローン、ロボット、データ利活用などは、官民あげて日本の技術力が結集されると期待されており、これらの関連分野が今後、株式投資の対象として本命視されるのは間違いないところです。

しかし、この新成長戦略が前進すれば日本経済が復活し、株式市場も活況化していくと思われるものの、第一の関門として間近に控えている参議院選挙に安倍政権は勝利する必要があります。

アベノミクスが前進すれば株価は上がる

私は現時点（本書執筆中の6月30日）で、おそらく目前の参議院選挙では自由民主党が勝利すると読んでいますし、アベノミクスが前進すれば景気がよくなり、株式市場も活況を呈することになるので、そうなることを期待しています。

選挙結果が株価のゆくえを左右しますが、おそらく、おおさか維新の会が伸びて、他の野党では共産党は伸びるものの、民進党は大きく議席数を減らして、岡田代表はその責任を取って退陣するのではと予測しています。

また、私はこれまで消費税増税に反対の立場をとってきました。その理由についてセミナーや講演会、ブログ、従来の書籍・雑誌の誌面などで説明してきましたが、反対してきた最大の理由は、先の項でも述べたとおり、消費税増税は消費マインドを冷やすだけで何の効果ももたらさないからです。また、税収も増えるどころか、増税しても減ることが予想されます。

故に、消費税増税の延期が決まったときにはホッとしました。しかし、「消費税増税は約束事ではなかったのか？　延期は公約違反ではないか？」というような批判の声が相変わらずあったことに心配しています。財界トップからも増税延期に反対の声が出たのには驚きました。また再びデフレ不況の到来を望んでいるのでしょうか。

消費税増税はアベノミクスの前進を阻むことになるから、安倍政権はその延期を決めたわけで、何も参議院選挙を有利に運ぶことを目論んで結論を導き出したとは、私には思えません。事態が悪化するのをくい止めるために方向転換するのは、為政者の責任として当然でしょう。安倍首相は、公約より、景気、庶民の賃金を上げ、雇用を拡大することを優先したのです。私は正しい判断だと思います。

安倍首相の本意は、「消費税の再増税は時期尚早。景気が回復しなければ再増税は無理。アベノミクスによって景気回復を図ることが先決。景気回復が予測される２０１９年まで延期というより凍結に近い形で」ということではなかったかと推測しています。

アベノミクスが前進すれば株価は上がる。このことは70ページの図11を見ればわかるとおり、民主党（現民進党）の野田前首相が解散を発表した2012年11月14日の株価8619円が、ほぼ1年後の2013年12月30日には2倍近い1万6291円に、ほぼ2年7カ月後の2015年6月24日には2・4倍以上の2万868円に達していることが証明しています。

もちろん、現在はこうした過去の状況とは違っています。2015年6月24日に2万868円の天井を打ってから約半年間、株価は下落し続けて、2016年2月12日に1万4952円の底値をつけ、以降は現在まで1万5000～1万6000円近辺を上下動する調整局面（横ばい波動のボックス相場）の状態です。

調整局面が長引けば長引くほど、投資家のみなさんは「これから株価はどうなるのか」と不安にかられ、「休むも相場」などと思っていられなくなるでしょう。

しかし、そうしたときほど要注意です。じっくりと株式市場を取り巻く環境をマクロ・ミクロの視点から観察することです。

とはいえ、株価のゆくえが気になるのは当然のことですから、スガシタ流の相場予測法

図11　アベノミクスの成績（倍率は2012年11月13日基準）

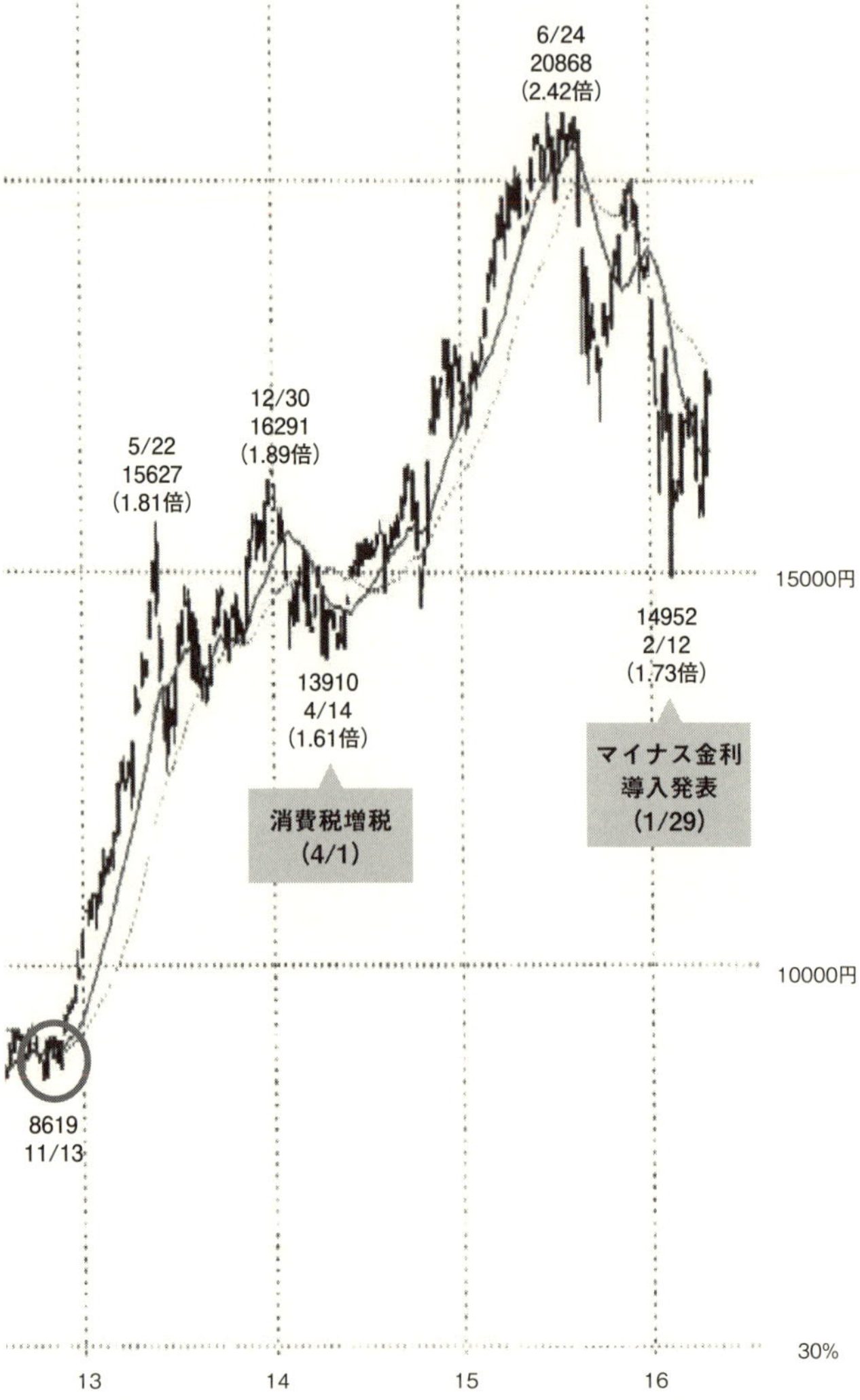

を、25ページの図5を見ながらここでおさらいしてみます。

私は自著『資産はこの「黄金株」で殖やしなさい！』（2015年　実務教育出版）を執筆中の同年4月の時点で、目標値を1996年6月の高値2万2666円（図中のB）として、

「これはそう簡単に抜けない大きな壁だが、早ければ2015年、遅くとも2016年中には2万2666円をめざす動きになるのではないか」

と予測していましたが、2015年6月24日に2万868円（図中のE）の天井を打ち、上昇第2波が終了しました。問題は、この後、上昇第3波があるかどうかです。

英国のEU離脱などで世界経済のゆくえはいっそう不透明になっていますので、当面は1万8000円近辺が壁です。次いで、世界情勢が一段落して、アベノミクスが前進するようなら、2016年の後半から2017年の年央にかけて、2万3000円近辺が攻防の分岐点となるでしょう。

2016年の春先から、私は相場の転換期は近いと予測してきましたが、間近に控えた参議院選挙の勝利をきっかけに、アベノミクスの新成長戦略が始動し、これをテコに株式

市場が大転換して、もし第3の矢、成長戦略、つまり第4次産業革命が前進すれば、戦後6回目の大相場が現実味をおびてくるでしょう。

第3章

４つの国際信用リスクと２つの地政学リスク

4つの国際信用リスク

2016年後半から2017年の年央にかけて、アベノミクスが力強く前進し、大相場が到来すると私は期待していますが、株式投資の上で、常に目を向けていなければならないのが国際信用リスクです。

参議院選挙に自民党が勝利すれば、今後、国内には株式相場に大きなマイナス影響を与えるような不安材料は見当たりません。問題は、やはり国際情勢です。

国際信用リスクが増大すると、世界のマネーは〝リスクオンからリスクオフ〟に向かい（75ページの図12参照）、例えば、株や不動産を売って現金化したり国債を買う動きになります。ですから、日本の株式市場が世界経済とリンクしていることを忘れずに、株価、相場に影響を与える海外リスクに注意を払うことが大切です。

私は、今後の株式相場の展開を「アベノミクスの前進で株価は上昇し、国際信用リスクで下落する」と、これまでの著書でも述べてきたとおり、もし株価が下がるとすれば、次の4つの国際信用リスクが要因になると予測しています。

①原油価格の暴落……長引く原油安のせいで、すでに産油国の財政は悪化。サウジアラビアなど産油国が日本株を売却

②中国経済のバブル崩壊……経済成長にブレーキがかかり、かつての牽引力がない。景気

図12　世界のマネーチャンスとマネーリスク

停滞が資源安、石油価格の下落要因

③ユーロ危機の再燃……小康状態を保っているだけで、危機再燃は払拭できない。英国のEU離脱でいっそう不安定化。ユーロ安、ポンド安懸念

④米国経済の懸念……当面利上げなしの状況。米国景気が再び鈍化。米国株安、ドル安懸念

①原油価格の暴落

いずれの産油国も財政が悪化しています。

世界最大級の原油産出量を誇り、豊富なオイルマネー（石油収入）で潤ってきたサウジアラビアでさえ財政が逼迫しており、長年、同国はその潤沢な資金を世界中で運用してきたものの、2014年頃から資金は本国に逆流し始め、2016年当初から始まった日本株急落の原因の一つとされています。

サウジアラビアという国名が「サウド家のアラビア」を意味することに象徴されるように、全権力を王室と有力部族が掌握していて、国民の政治的な権利は大きく制限されてい

図13　原油相場の推移

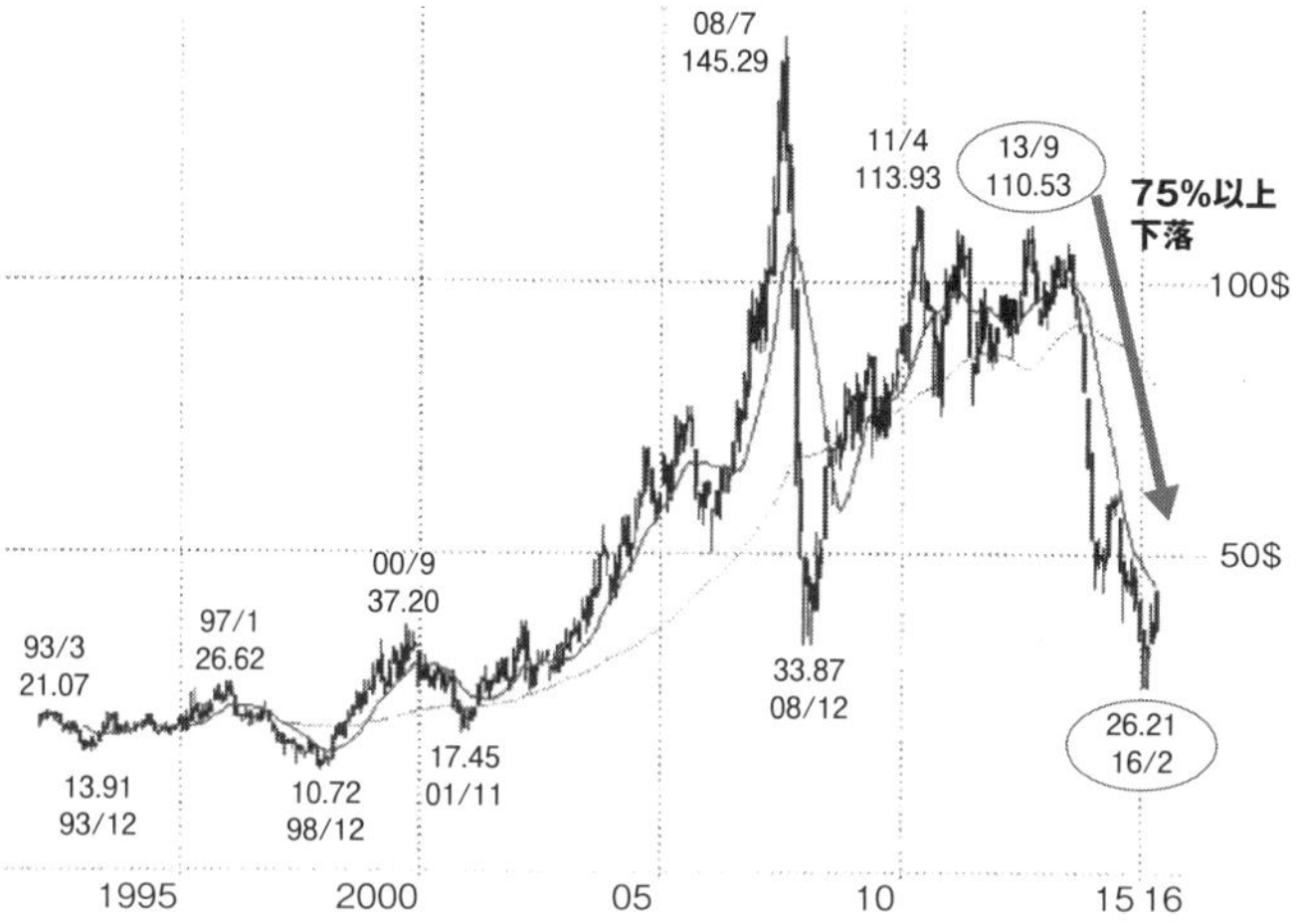

ます。

そのかわり国民から税金はほとんど徴収せず、福祉制度は充実しており、基本的に教育や医療は無料ということですから、不思議な感じがしますが、それもひとえにオイルマネーのおかげだといえます。

しかし、こうした仕組みが2013年10月からの原油急落（図13参照）のせいで維持できなくなっており、石油収入の減少をおぎなうために膨大な金融資産を投げ売りしている状態が続いていることから、IMF（国際通貨基金）は、このままだと同国の外貨準備はあと5年で底をつくと警告しています。

サウジアラビアの場合は、後で触れますが、イランと一触即発の緊張関係が続いていることも気になります。

中東地域のオマーン、クウェート、リビア、シリア、イラクなど、他の産油国もサウジアラビアとイランの対立に関係しますし、周知のとおりシリアとイラクは内戦状態で予断を許さず、ロシアも大産油国なのでウクライナの問題を抱えつつ、原油安の影響をどの程度受けているのか気になるところです。

ベネズエラは、長年にわたる社会主義政権の計画経済や通貨統制のせいでデフォルト寸前の状況に陥っており、ＩＭＦは、社会主義体制下の18年間に政府が浪費を続けたせいで、同国のインフレ率は７２０％に達していると報告しています。

同国の外貨収入の90％は原油。それが２０１３年9月に１バレル＝１１０ドルだった原油価格が２０１５年末には１バレル＝50ドルまで下がり、その後も下がり続けているわけですから、国民生活は困窮の一途をたどっています。

あらゆる生活必需品の不足は深刻を極め、凶悪犯罪の発生率も最悪で、首都カラカスは世界で最も危険な都市とされ、信じられないことに、原油の埋蔵量世界一を誇っていた国が、いまや原油を輸入しているとも伝わっています。

原油価格がどんどん値下がりすると、物価下落（デフレ）につながり、日本の場合、物価目標2％が達成できなくなっています。

また、原油価格の動きを振り返ると、米国の投資銀行であるゴールドマンサックスが2015年末から年初にかけて、2016年の原油価格を1バレル＝20ドル割れと予測し、そのせいで原油マーケットがパニックになったため、これを50ドルに訂正するということがありました。

このことだけでも日本経済にとってプラスに作用したわけですが、原油価格の変動は即、物価、輸出・輸入品の価格、為替の変動、そして株価に作用しますので、産油国の動勢と原油マーケットの動きには常に注目しておく必要があります。

②中国経済のバブル崩壊

中国は、安い労働力を求める外国資本の進出をテコに経済成長を遂げてきましたが、

2011年あたりから下がり続けた経済成長率の数値を、2015年になると、自らそれまでの10％台から7％を切る数値に下げていることでわかるように、かつての勢いはすでになく、行き過ぎたバブルが崩壊しています。

日本の株価が2015年の6月24日に天井を打ったのは、まさに中国経済のバブル崩壊によるものでした。また、その直後の2015年8月、中国政府は貿易収支や外貨準備の面なども考慮して、人民元の切り下げに踏み切ったものの、中国株は暴落しています。

しかし、中国は国家資本主義、つまり統制経済の国ですから、修正に時間がかかるにしても、政府は力ずくでバブルを沈静化しています。

あまり報道されていないので、その過去の事例を紹介すると……。

2014年3月、中国の債券市場で上海超日太陽能科技という企業が社債の利払いができず、中国初のデフォルト（債務不履行）に陥り、同月中に浙江省の浙江興潤置業投資という不動産開発会社も、35億元（約570億円）の負債を抱えてデフォルトに陥ったことが明らかになっています。

また、同月末までに9つの省で合計8億2100万元（134億円）の債務がデフォルトに陥っていることを、第一財経日報という中国の国内紙が報道し、地方政府のデフォルトが連鎖的に起きている事実を初めて公にしています。

この報道は、中国審計署（日本の会計検査院に当たる）の署長が全国人民代表常務委員会で行った報告に基づいているので疑いようがありません。

この時点で、地方政府の債務は合計約300兆円に上るとされ、当然、返済期限が設けられているため、中国人民銀行（中央銀行）は、それまで存在しなかった銀行の破産法制定の準備を開始すると同時に、地方政府の財政破綻を処理する法律についても検討を開始したと伝わっています。

中国の地方政府の借金は300兆円どころか500兆円に上るともいわれ、そのほとんどが不動産関係の投資であり、すべてが無価値というわけではないにしても、地方政府が作った借金の大穴を、中央政府が政治力にものをいわせて強引にふさいでいる様子がうかがえます。

民間企業が倒産しようが、造った不動産物件がゴーストタウンになろうが、投資家が株で大損しようが、そのせいで自殺者が大量に出ようが、国内が死屍累々になったとしても、中国政府は、これからも力ずくでバブル崩壊をくい止めていくに違いありません。従って、中国発の世界金融危機はないと予想されていますが、世界的に著名な投資家ジョージ・ソロス氏は、中国経済の崩壊、ハードランディングは避けられないと主張しています。中国政府は、このソロス氏の見解に、強く反発しています。

③ユーロ危機の再燃

4つの国際信用リスクのなかで一番懸念されるのがEU圏の経済の成り行きです。「ドラギマジック」といわれた歴史的な金融緩和はいまも継続中で、ギリシャの重債務問題は相変わらず世界経済にとって重いリスク要因になっています。

「ドラギマジック」とは、ECB（欧州中央銀行）のマリオ・ドラギ総裁が「PIGS（ポルトガル、イタリア、ギリシャ、スペイン）の国債を無制限に購入する用意がある」と発表し、2015年7月にギリシャの債務危機（ギリシャ危機）を回避するために行った金融政策のことも指します。

ギリシャは、EU圏のなかで経済規模が3％にも満たない小国ですが、同国の重債務問題が世界を大きく揺るがすようになったのは、それによる危機がEU加盟各国の国債などの債券に飛び火し、EU全体の債務危機となったからです。

「ドラギマジック」によってギリシャ危機はとりあえず回避することができました。

しかしその後、ギリシャは小康状態を保っているように見えますが、ＰＩＧＳ各国の重債務は、そう簡単には解消されないでしょう。

債務を繰り延べにしてきただけのギリシャは、また２０１６年7月に大量の国債償還を迎え、おそらく、債務引受先のＥＣＢに対して3回目の借金繰り延べの交渉を行うことになるでしょうが、その際、ＥＣＢとＩＭＦは厳しい条件をギリシャに課すはずで、その駆け引きに注意しておく必要があります。それに加えて、今回の英国のＥＵ離脱という難問が浮上しているわけです。

④米国経済の懸念

投資家の誰もが待ち望んでいる米国の景気回復……。

その目安ともいえるＦＲＢ（米連邦準備制度理事会）による追加利上げの見通しが、なかなかつきません。

ＦＲＢは6月15日のＦＯＭＣ（連邦公開市場委員会）において、政策金利（現行０・25～

図14　為替と株価の関係性

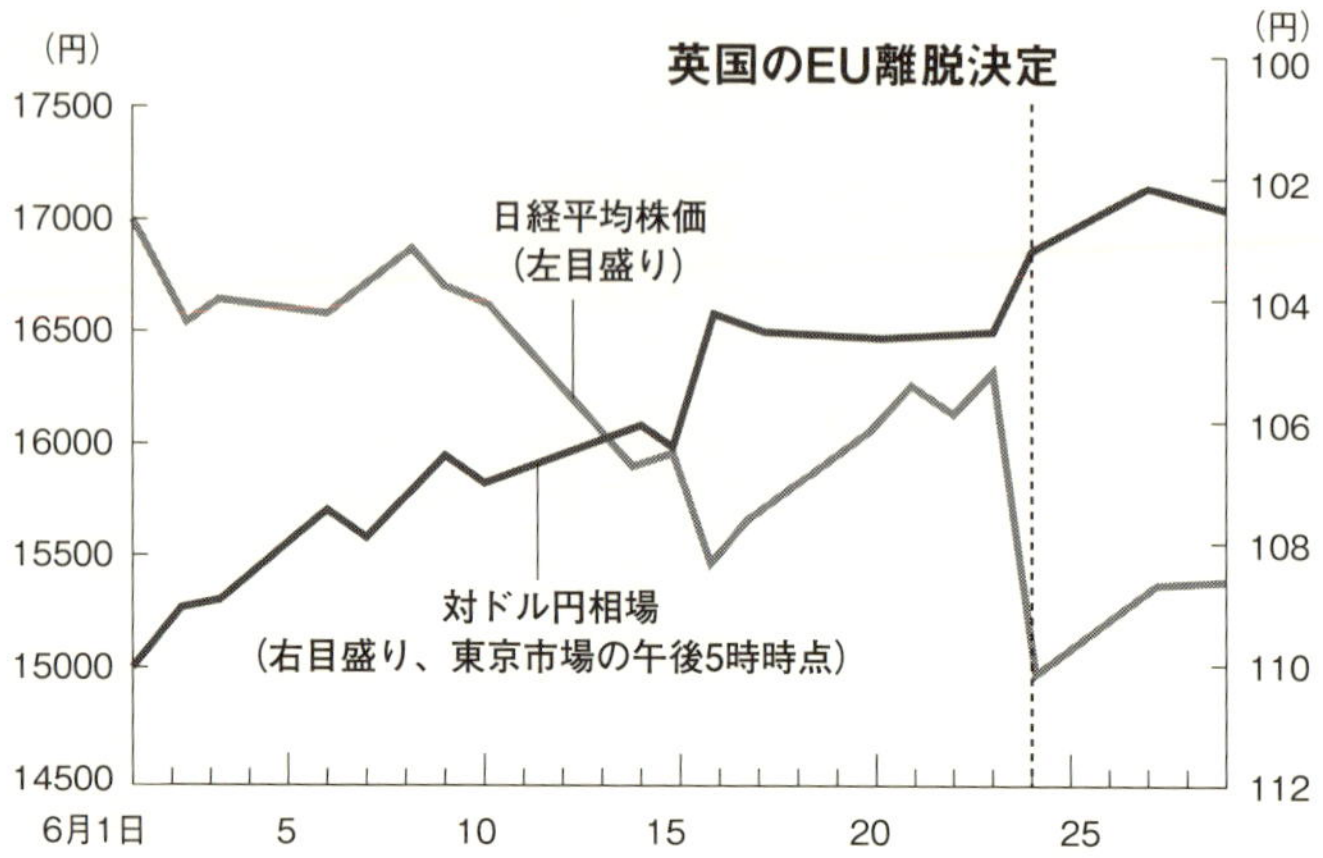

０・５％）の据え置きを決定し、追加利上げを見送りました。

その理由についてイエレンＦＲＢ議長は記者会見で「最近の経済指標は強弱入り交じっており、慎重に政策調整を進めるのが適切だ」と説明し、７月下旬の次回会合での利上げも「不可能ではない」としつつ、雇用回復を見極める必要があると指摘し、利上げの時期については具体的に言及していません。

結果、２０１５年12月の利上げ以降、利上げ見送りは４会合連続となり、半年間足踏みの状態が続いています。

雇用の伸び悩みによって失業保険の申請数が過去最大になり、製造業の不振によってダウ工業株平均なども上向かないことから、当面、NYダウの1万7000~1万8000ドルのボックス相場が続いていましたが、英国のEU離脱を受けて、NYダウも急落しました。〝イエレンFRB議長の苦悩〟も続くものと思います。

英国のEU離脱ショックもあり、米国株価のゆくえもいっそう不透明になっていきそうです。当面、2015年5月の高値1万8351ドルを突破する展開の可能性は遠のいたといえるでしょう。

しかし、そもそも利上げとは何か……。

利上げとは、国の中央銀行（日本の場合は日本銀行）が、民間銀行に融資する際の金利（政策金利）を引き上げることをいいます。

景気が過熱してバブル化しそうになったり、逆にインフレ懸念が強まったりした場合、国の中央銀行は金利水準を調整する政策を取ります。

中央銀行が利上げに踏み切ると、銀行の金利なども上昇するため、企業の設備投資や個人の消費活動が抑制され、結果、景気の過熱によるバブル化にブレーキがかかります。逆に、景気が冷え込んでいるときには金利を引き下げて、企業の設備投資や個人の消費活動などの需要を喚起します。

ただし、急に金利を上げたり下げたりすれば、景気は急速に冷え込んだり過熱したりするリスクがあるので、政策金利の利上げを実施する際には、調整する金利の幅や変更時期を慎重に見極めた上で行う必要があります。

いままさに米国は利上げがテーマになっているわけですが、雇用統計や鉱工業指数などの経済指標が好転しない限り、利上げ観測は不透明感が増す一方でしょう。

2つの地政学リスク

地政学リスクとは、特定の地域において紛争やテロなど政治的・軍事的な緊張が高まり、その影響から世界経済に先行き懸念が広がるリスクのことをいい、いまとくに目が離せないのが、次の2つの地政学リスクです。

①中東情勢の緊迫化……対立構造が複雑化している危機の温床

②北朝鮮の脅威……緊張が高まる一方の朝鮮半島

①中東情勢の緊迫化

中東は「世界の火薬庫」といわれているとおり、宗教・民族・資源をめぐる対立が顕在化し、長期にわたって戦争や紛争が絶えない地域です。

そしてここ数年、中東情勢で際立ってきたのが、過激派組織ＩＳ（イスラム国）の台頭もそうですが、サウジアラビアを取り巻く環境の極めて大きな変化です。

スンニ派の盟主サウジアラビアとシーア派の大国イランは長く対立していて、現在、国交を断絶しています。

そうしたイランが、米国が主導する核合意によって中東での存在感を高め、イラク、シリア、イエメンなどでシーア派への支援活動を活発化させる一方、従来、強いとされてきたサウジアラビアと米国の同盟関係は冷え込んでしまいました。

では、こうした中東情勢の変化はどうしてもたらされたのかといえば、その最大の要因は米国の対外姿勢の変化にあります。

オバマ米大統領は2013年9月に「米国は世界の警察官ではない」と宣言し、シリア内戦への軍事介入の見送りを表明。つまり、ブッシュ前政権がアフガニスタンとイラクで長期にわたって戦争を継続した結果、米国がこうむった多大な人的・財政的コスト等々をかんがみて、対外姿勢を大きくシフトし、本格的な軍事介入には踏み込まない路線を選択しました。

オバマ政権は協調外交を優先し、その表れがキューバとの国交回復でありイランとの核合意となったわけです。

しかしその反面、シリアへの本格的な軍事介入を避けたことによって、チュニジアの「アラブの春」から、まさに燎原《りょうげん》の火のごとく広がった専制体制打倒のうねりはあっけなく終息し、中東におけるＩＳの台頭とシーア派とスンニ派の対立を顕在化させてしまいました。

こうした事態は米国の軍事力の衰えというより、その指導力の弱体ぶりを印象付けることになったわけですが、それが如実に顕れているのが、オバマ政権になって以降の米国とイスラエルの関係悪化です。

先頃（２０１６年5月25日）、イスラエルのベンヤミン・ネタニヤフ首相は、極右政党の「わが家イスラエル」を率いるアビグドル・リーベルマン前外相を新政権に迎え入れることで合意したと発表しました。

　ということは、もともと連立に参加している極右政党「ユダヤの家」に「わが家イスラエル」が加わるということですから、イスラエル史上最も右派寄りの内閣が誕生することになります。

　イスラエル政府の極右化は、アラブ系住民とパレスチナ人に対する規制と弾圧が強まることを意味し、長年敵対しているイランとの関係が緊迫することを意味します。

　イランから核合意を得ることに成功したオバマ大統領としては、右傾化するイスラエルの体制を快く思っていませんし、逆に、イスラエルとしてはイランに甘くなっているオバマ政権に反感を抱くようになっているわけです。

　従って、イスラエルが目前の脅威となっているイランの核施設を攻撃することはあり得る話で、その危険性は米国の大統領が交替したときに高まり、もしトランプ候補が大統領の座に就くことになれば、なおさらこの可能性はゼロではなくなります。

　サウジアラビアとイラン、シリアの内戦、イスラエルとイラン……。情勢が不安定な中東ではいつ衝突が起こるか予断を許しません。

　万一、緊張が高まりホルムズ海峡が封鎖されるような事態になれば、日本は石油資源を絶たれ、多大な損失を被ることになります。要するに中東情勢の変化は決して〝対岸の火事〟ではないわけです。

②北朝鮮の脅威

中東情勢よりも緊迫しつつあるのが朝鮮半島です。

北朝鮮は2016年に入ってからも核実験を行い、これまで幾度となくミサイル発射を繰り返し、周辺国に脅威を与えています。そこで北朝鮮がどのような脅威を各国に与えているのか、各国がどのように反応しているのかを簡単に整理してみます。

【米国】……大陸間弾道ミサイルによる米国本土攻撃と、「9・11」の経験から核兵器がテロリストの手に渡ることへの恐れ

【日本】……わが国が中型ミサイルでもとどく攻撃範囲に位置することと、生物・化学兵器攻撃への恐れ

【韓国】……隣接しているだけに小中型ミサイル、砲撃、空爆など、あらゆる脅威に常にさらされていることへの恐れ

【中国・ロシア】……両国とも核開発は歓迎していないものの、これを阻止する姿勢は薄い。朝鮮半島有事となった場合の中国の優先事項は、米韓同盟軍の北上を阻止することと、同盟関係にある北朝鮮が米国の支配下に入るのを阻止すること

北朝鮮は独裁国家で、建国者の金日成からその息子の金正日、次いで孫の金正恩へと世襲が続いています。

そして、２０１１年12月に金正恩が最高権力者となったものの、まだ権力の移行期であるため、その体制は不安定な状態にあるとされ、周知のとおり権力基盤を強固にするために側近の重鎮まで粛正する様子が伝わっています。

中国・ロシアなどの支援でなんとか体制を維持していますが、経済政策は失敗し、国民は慢性的な食糧不足に陥るなど、酷い窮乏生活を強いられています。

また、北朝鮮は米国、韓国、日本を敵対視しており、とりわけ韓国を米国の傀儡と見なして批判し続けているだけに、国境付近で起きるわずかな小競り合いでも、戦争になりかねない状況にあります。

実際、北朝鮮と韓国は休戦条約を結んでいるにすぎず、常に臨戦状態にあるわけで、両

国の関係を注視しておくことが大切です。

北朝鮮の脅威を間近に常時受けている韓国は、実は算命学でいう鬼門通過（110ページ参照）の時期を2016年から2018年に迎えることになっています。

算命学では、この時期に国家を揺るがすような大事件が起きるとしており、私は朴大統領の任期が終了する2018年が、一番危険性が高いと判断しています。ちなみに日本の鬼門通過時期は東日本大震災が発生した2011年でした。

以上、4つの国際信用リスクと2つの地政学リスクを見てきましたが、これから投資に臨もうとする人は、多様な情報を敏感に捉えつつ、戦法としては短中期決戦で臨み、利益確定はすばやく、ダメと思ったら迷わず損切りするという投資スタンスが求められます。間違っても全力投球してはなりません。それだけ今は、世界情勢が混とんとしつつあるのです。

しかし近い将来、日本の株式市場に大相場が到来するかもしれませんので、常にキャッシュフローを一定に維持しながらリスクにも対応していただきたいと思います。

海外からのリスクで「日経平均1000円下げ！」ということがあり得ます。しかし、こうしたときが絶好の買いチャンス。リーマンショックの直後、迷わずに投資した人は皆大金持ちになっているはずで、要は、種銭（手持ちのお金）がなければ勝負になりません。今回の英国のＥＵ離脱ショック安は、買いチャンスとなるかどうかを見極めなければなりません。

〝国際信用リスクで大幅安〟は中上級者にとっては絶好の買いチャンス。２０１５年６月の高値圏のようなときは着実に現金化しておく。しかし、どこが底でどこが天井かまったく想像がつかないという人にはむずかしい……。相場の波動を知って、ある程度、先行きにメドをつける能力と経験が不可欠です。

従って株式投資をしようという皆さんには、是非、波動の理論を身につけていただき、国際情勢の分析を怠らないようにしていただきたいものです。それでも投資で勝つとは限りません。しかし、少なくとも勝率は上がるはずです。

第4章

スガシタ流
情報術の流儀と
算命学の奥義

3ステップで情報を集める

私たちの周りには洪水のごとく情報があふれています。そのなかから〝これは使える〟という情報を取捨選択するのは簡単とはいえないので、以下のように3ステップの方法で進めるとよいでしょう。

【第1ステップ　広く浅く情報を集める】

自分のできる範囲で情報収集の網を張って広く浅く集めることです。日本経済新聞や大手紙、会社四季報や各種経済誌など、ひとつでも多くの情報を集めるようにします。

ある程度の期間、投資に役立つ情報はないかという視点で読んでいると、次第にこの新聞の国際政治の記事はいいとか、この連載コラムは役立つということがわかってくるようになります。

私の場合、新聞は日本経済新聞と大手紙を2紙、雑誌はダイヤモンド、東洋経済、日経ビジネス、週刊エコノミスト、ニューズウィーク日本版の5誌に目を通すようにしています。ただし、５誌のうちで週刊エコノミストが投資の情報が一番多いと思いますが、その他の雑誌は株や投資の特集が出ている号だけ買うようにしており、毎号購入しているわけではありません。とくに、ダイヤモンドザイや日経マネーなどの特集、投資テーマには、できるだけ目を通すようにしています。

日本経済新聞は市場の動きを知るのに重宝しており、読売新聞は国際的な、例えばキッシンジャーのインタビュー記事などが掲載されることがあるので結構役立っています。また、各紙のコラム記事のなかでは、東京新聞の「私の相場観」というコラムに寄稿している露崎達郎氏の記事に注目しています。

このほか、過去の出来事などの一般情報を得るのにインターネットを活用しており、口座を開いている主要証券会社の調査レポートを送ってもらうようにしています。

ちなみに会社四季報と日経会社情報は、微妙に業績見通しなどの記述が違っていますから、医療機関のセカンドオピニオンと同じで、両方見比べるようにしたほうがよいでしょう。

【第2ステップ　情報を定点観測する】

役立つ情報を入手したとしてもその場限りではダメです。

例えば、堺屋太一さんの新聞連載記事、あるいは三菱ＵＦＪモルガン・スタンレー証券の嶋中雄二さんの景気見通しを読んで、精度が高くて良いと感じたら、読み続けるのはもちろんのこと、その全部でなくてもいいので、大事な部分は残しておくようにします。

いま実在する人物でなく歴史上の人物が著したものでもよく、過去には現代に通じる優れた知恵がいくらでもあります。

手にした本や雑誌に書かれていることが、当たっているのか外れているのか、よくわからない……。例えば２０１５年のことを予測しているけれども、そのときになってみなければわからないということがあります。そうした場合は読まずに放っておくことです。

その後、しばらく経ってから再読してみると、当たり外れのどちらに状況が近づいているのかがわかってきます。そして、第2章で紹介したロバート・ライシュの著書『余震（アフターショック）』のように、予測が当たっていることがわかったら、彼の他の本も読んでみるようにします。ほかにも、タイラー・コーエンの『大停滞』（２０１１年　ＮＴＴ出版）もオススメです。

これを読んだからといって株で儲かる保証はありません。しかし、大きな世の流れをつかむのに役立つなと思った著者の本を読み続けるのは定点観測として良い方法です。定点観測していると大外れしていることもわかるようになるので、それと正反対の行動をとればいいということにもなります。

よく毎年のように「世界危機がくる」「日本経済が破綻する」といっている人がいますが、如何なものかと思いますし、私は著名な某女性経済学者がいつもアベノミクスを「アホノミクス」などと批判している間は、アベノミクスは大丈夫だと思っています。

第1ステップから第2ステップに行くには結構時間がかかります。早くて2~3年、悪くすれば数年かかるかもしれません。しかし、テレビの解説を聴いているだけでは株で儲けることはできませんし、ほとんどの情報は役に立ちませんから、情報の定点観測に時間を惜しまないことです。

【第3ステップ　情報をファイリングする】

定点観測している情報をスポットだけでなく長年見ていると、この人がいっていることはいつも的中しているな、この人はいつも外れているな、ということがよくわかってくるようになります。だから、「アホノミクス」などといってメディア受けしている某女性学者の見通しは、大きくハズれると思います。つまり、アベノミクスで日本は良くなるはずなのです。脱デフレこそ、日本経済復活のキメ手です。ほかにどんな政策があるというのでしょうか。

そこで次の第3ステップでは、自分なりに取捨選択して定点観測した有効な情報を、紙ベースでもいいし、増えたらパソコンに入れるなどの方法でファイリングするようにします。

マスコミの悪いところはスポット情報しか流さない傾向が強いことです。故に大外れの人でも何回も起用し、まさにその場限りの、ほとんど役に立たない情報提供に終わっているケースが多くなっています。前述の某女史などは、円・ドル相場が1ドル＝70円台、80円台の時代に、やがて1ドル＝50円になると言って大ハズレになっています。

ちなみに、私はスガシタファイルを作成し、算命学を活用しながら企業金融コンサル、執筆、講演活動などに役立てています。

このファイルのなかには、例えばイトマン事件（1991年に中堅総合商社・伊藤萬株式会社をめぐって発生した戦後最大の不正経理事件）の記事が掲載されている当時の文藝春秋、あるいは、故・渡辺美智雄元大蔵大臣（おおさか維新の会所属・渡辺喜美氏の父親に当たる）のインタビュー記事など、いまでは入手困難な過去のものも多く含まれています。

情報の見方、読み解き方

私は新聞でも雑誌でも、例えば日本経済新聞であれば編集委員の滝田洋一氏、雑誌のインタビュー記事であれば伊藤忠商事の岡藤正広社長というように、記名記事やインタビュー記事を読むようにしています。

滝田洋一氏は金融・マーケット分野が専門で、独自の分析、報道、解説が高く評価されています。また、伊藤忠商事の岡藤社長は、同社が、発祥地、大阪の繊維問屋から頭角を現し、糸へン相場（繊維相場）を張ってきたという伝統からか、優れた勝負勘を持っていることで知られています。

ただのサラリーマン社長ではなく、大企業の社長のなかにはこうした方がおられるので、折々の貴重な意見を傾聴しない手はありません。

欲しい情報はほとんど世の中にあるので、自分が関心のあるテーマ、人物に絞って情報を捜して読み解くことが大切です。それも定点観測していれば次第にわかってくるはずです。

関心のあるテーマといえば、私の場合は、国際金融や世界各国の情勢など、投資に関することということになりますが、普通に情報を読んでいては「人に先んずる」こと、つまり投資で成功することはできません。

情報を集め、定点観測し、情報をファイリングして、さらに分析した上で、投資タイミングを測る必要があります。

ちなみに私は、ルセフ女史がブラジルの大統領候補として名前があがり始めたころから、彼女が大統領になればブラジル経済は、将来ダメになると判断していました。

ですから、彼女が大統領の坐に就くことになったので、その後、持っていたブラジル国債はすべて売却してしまいました。あのまま持っていたら大損していたところです。

要するにこれは、情報をどう分析して判断するかという話ですが、「いまわかるのではなく、その前にわかっている」ことが如何に重要かということです。

余談ながら〝欲しい情報はほとんど世の中にある〟ということと関係して、ここで思い

ご購読ありがとうございました。今後の出版企画の参考に
致したいと存じますので、ぜひご意見をお聞かせください。

書籍名

お買い求めの動機

1　書店で見て　　2　新聞広告（紙名　　　　　　　　　　）

3　書評・新刊紹介（掲載紙名　　　　　　　　　　）

4　知人・同僚のすすめ　　5　上司、先生のすすめ　　6　その他

本書の装幀（カバー），デザインなどに関するご感想

1　洒落ていた　　2　めだっていた　　3　タイトルがよい

4　まあまあ　　5　よくない　　6　その他(　　　　　　　　　　)

本書の定価についてご意見をお聞かせください

1　高い　　2　安い　　3　手ごろ　　4　その他(　　　　　　　　　　)

本書についてご意見をお聞かせください

どんな出版をご希望ですか（著者、テーマなど）

郵便はがき

料金受取人払郵便

牛込局承認

7734

差出有効期間
平成30年1月
31日まで
切手はいりません

162-8790

107

東京都新宿区矢来町114番地
神楽坂高橋ビル5F

株式会社ビジネス社

愛読者係 行

ご住所 〒 TEL: ( ) FAX: ( )		
フリガナ お名前	年齢	性別 男・女
ご職業	メールアドレスまたはFAX メールまたはFAXによる新刊案内をご希望の方は、ご記入下さい。	
お買い上げ日・書店名 年 月 日	市区 町村	書店

出されることがあります。

私がメリルリンチに入社したのは27歳のときで、すぐにニューヨーク本社で研修を受けることになりました。

その際、研修メンバーのなかにCIA出身の人がいて、その人と仲良くなり、夕方ビールを飲みながらCIAについて話を聞く機会がありました。ちなみにメリルリンチに採用されるのは立派な職歴のある人ばかりです。

彼いわく、CIAという組織はオーバーとアンダーに職務がわかれており、前者は正式な外交官扱いの駐在武官として海外に赴任し、この連中は007のように拳銃所持が許されているそうです。

後者の要員は前者よりも圧倒的に多く、私が会ったこの人物も後者のほうでしたが、各国に派遣されるときには、ジャーナリスト、商社マン、コンサルタントなどに扮して情報収集にあたり、場合によっては情報操作を駆使して、国や地域を混乱に陥れる任務を遂行するといいます。

そして、彼にどういう諜報活動していたのか聞いてみたところ、「情報はほとんど世の中にある。新聞、雑誌を読んでみたり、図書館に行って調べてみたりすれば、ほとんどの情報は得られる。それをファイルして本部に送るだけだ」という答えが返ってきました。

メリルリンチのニューヨーク本社での研修に行って、こうした話を聞くチャンスに恵まれたことは、いまさらながら本当によかったと思います。また、CIA要員の諜報活動でさえこういうことでしたから、個人であっても努力次第で、相当な情報を得ることが可能なのだと改めて思いました。

情報を活用する

自分なりにファイリングを作成したら、次はそれを活用することになります。

私の場合は、投資テーマや有望セクターを見出すための情報として活用し、株式投資でいままさに旬なテーマとなっているIoT（モノとインターネットの融合）、AI（人工知能）、ドローン、ロボットなどを手がける銘柄発掘に役立てています。

また、そうした場合、マクロの視点でも市場環境やセクターの状況を見るようにしていますが、あまりGDPや他の指数が云々とかいうことではなく、ミクロの視点から対象企業の情報を重点的に分析するようにしています。

日本経済や国際情勢の成り行き、あるいは歴史観に独自の視点や見解のある情報を参考にして投資に活用する。さらには、偏ることなくマクロとミクロの両視点から市場環境や企業の状況を見極める。この繰り返しが株式投資に臨む皆さんの投資哲学や相場観の錬磨に必ずつながっていくと思います。

株式を売買するときの留意点

私が本書のような株式投資の本を上梓したり、講演会や自分が主催するセミナー、あるいはネット上で株式投資に関する情報を発信している一番の理由は、皆さんの「経済的自立を目指すこと」です。

とはいえ、これを実現するためには、先に述べてきた情報術を身に付けると同時に、株式の売買に際しては、以下のようなことに留意してほしいと思います。

波動論に基づく下降・上昇・横ばいの3つの相場局面では、次のような対応を心掛けることが大切です。

【下降局面】……この局面で投資してはならないのは当然のこと。それでも投資したい場合には、例えば1000万円持っているとすれば、投資額を200万～300万円程度に止め、決して全力投入しないことです。昔から「投機と投資は違う」といわれています。あえてリスクを負う必要はありません。

【上昇局面】……誰が投資しても儲かるときです。手持ちの株が上がったら喜んで現金化しておき、余裕を持って次の投資に備えます。

【横ばいの局面】……「休むも相場」ということで相場の動きを静観するときです。儲かっている人やIPO（新規公開株）を手にした人であれば、内容はいいのに不当に安値圏にある株などを物色して投資するのもよいでしょう。ただし、当たり外れがあるので初級者には向きません。

どんな株でもいつかは底を打ち、いつかは天井をつけます。そこで売買のタイミングが重要になるのですが、これが株式投資で一番難しいところです。

長期投資の場合は、マクロ経済の流れを見ているだけで、売買のタイミングは大体検討がつきます。また、企業業績が良い株を買っていれば5年、10年先には元値より良くなって、銀行預金に比べればましというのも長期投資の話です。

しかし、長期投資はリスクが少ない反面、概ね利益率が低く、何より「長く待っていなければ結果につながらない」という欠点を伴います。また、資金が長期固定されてしまうというリスクもあります。


一方、短中期投資の場合は、一般的にチャートから株価の流れを読み取っているわけで、もちろんチャートには株式への人気度が表れているので、よくチェックしておく必要がありますが、問題は売買のタイミングが測りにくいことです。

そこで、役立つのが第1章で説明した波動論の「価格の波動（値ごろ）」と「時間の波動（日柄）」です。

私は短中期の投資家ですから、長くても1年、できれば2～3カ月で資産を倍増しようという姿勢で投資に臨んでおり、算命学の波動論もそうですが、先人が残してくれた相場格言を役立てています。

例えば、「魚の頭と尻尾はくれてやれ」「人の行く裏に道あり花の山」などはよく知られている格言です。相場格言には相場哲学が凝縮されており、投資の本質と心構えを教えています。

算命学の奥義「時代推移の法則」を活用する

算命学は古くから国家の命運を知るために活用されてきた学問です。この学問は大局観・相場観を育み、世の中の動きを読むのに大いに役立つので、本書を手にした皆さんにも是非、算命学が説いている「時代推移の法則」（110ページの図参照）を覚えていただきたいと思います。

【算命学の「時代推移の法則」】

図の丁度時計の9時に当たる箇所を出発点として、10年サイクルで時代が推移し、10年×5期＝50年で一巡します。一巡するとまた出発点に戻り、陰と陽の年を繰り返します。ちなみに現在、日本は教育期の9年目の周期内に入っています。

また、出発点はどの国でも憲法が施行された年月日としており、日本の場合、1947年5月3日が出発点に当たり、現在は二巡目の1997年5月3日が出発点になります。

なお興味深いことに、この法則は個人や企業・団体にも当てはまり、個人の場合は誕生年月日、企業・団体の場合は創立年月日が出発点ということになります。

では、年サイクルの5期はどのような時代かというと、日本の場合（カッコ内）を当てはめながら区分すると、次のようになります。

- **1期（1997～2007年）**↓動乱の時代……懸命に這い上がろうとする時期
- **2期（2007～2017年）**↓教育の時代……知恵を発揮する時期
- **3期（2017～2027年）**↓経済確立の時代……明るい兆しが見える時期
- **4期（2027～2037年）**↓庶民台頭の時代……庶民の生活が豊かになる時期
- **5期（2037～2047年）**↓権力の時代……官僚が力を持ち、衰退化する時期

さらに注目すべきは、2期の丁度中間で「鬼門通過現象」が起こるとされていることです。鬼門通過現象とは戦争、革命、大惨事、天変地異など、それこそ国家を揺るがすような事態が訪れることをいいます。

算命学の「時代推移の法則」

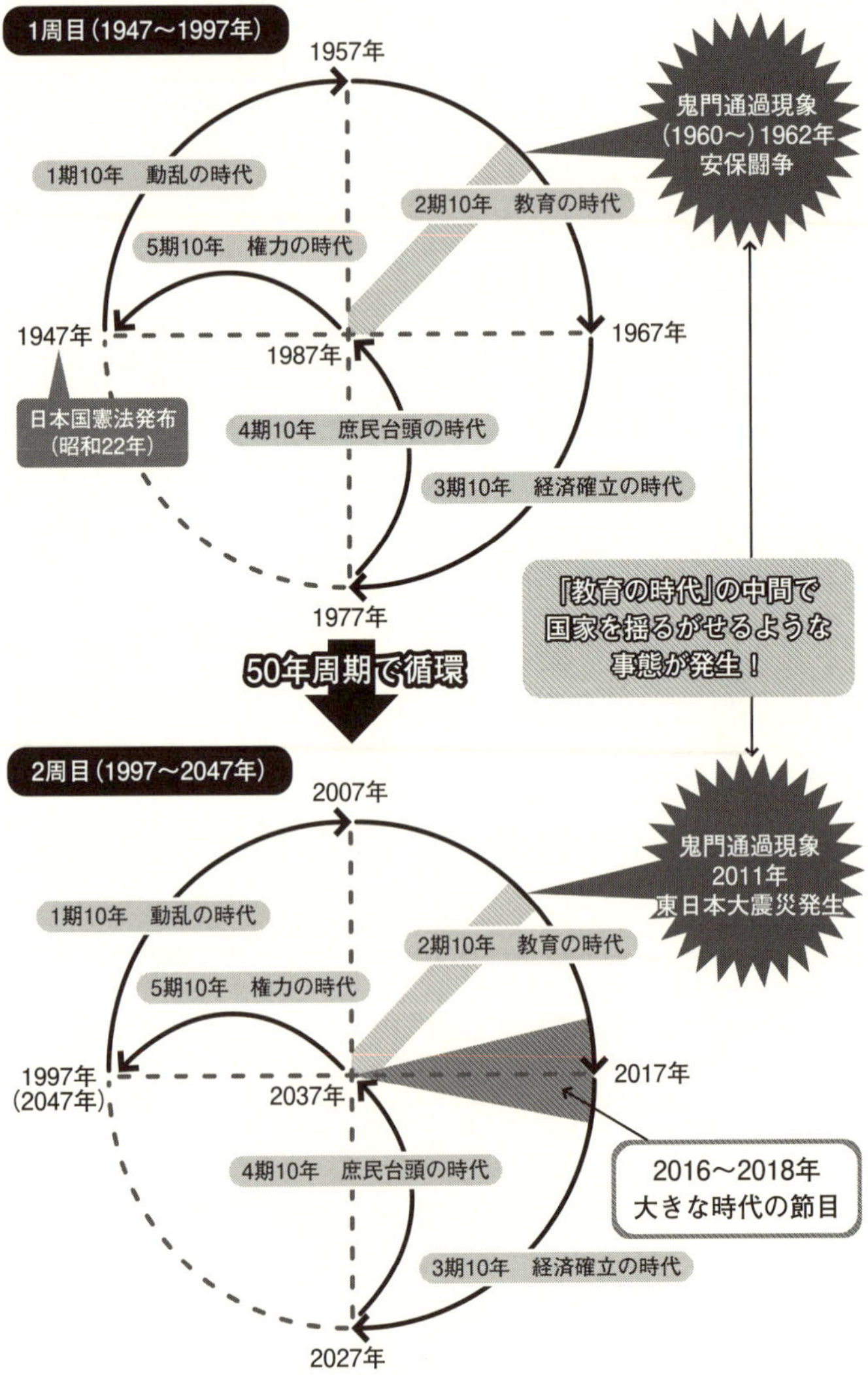

日本の場合、憲法発布の１９４７年から50年後、つまり１９９７年を出発点とした２期目の２０１１年3月11日に東日本大震災が発生しており、鬼門通過現象の時期にぴったり一致します。

一巡目内では１９４７年から15年後の１９６２年前後は安保闘争の最中で、こちらも鬼門通過現象の時期と一致しています。

鬼門通過現象の時期は教育の時代であり、国家的危機に直面した国民が団結して知恵を出し合いながら危機を乗り越えていき、このときの若者のなかから次の時代のリーダーが出てくるとされています。

２０１８年は大きな節目の年

現在、日本は2期目から3期目への移行期にありますが、日本の株式相場の流れを見てみると、私は２０１８年が極めて重要な時代の節目になると読んでいます。

過去の株価の歴史を振り返ると、１９８２年から上昇した株価は１９８９年に大天井をつけ、その後下がり続けて２００９年に底を打ち、横ばいしたあと２０１２年から上昇し、

2015年6月に2万円を突破しました。

次いで、同年6月末から8月にかけて2番天井を打った後、下がり続け、年末に1度上昇しましたが、その後下降して、2016年春先から1万5000円~1万8000円のボックス相場となり、イギリスのEU離脱の影響から、2016年6月24日には前日より1300円近く急落したものの、現在(2016年6月30日)は、1万5000円台で落ち着いています。

英国のEU離脱にショックで株価は大きく下げていますが、日本経済に与える影響は、それほど深刻なものではありません。今日本の株価は明らかに売られ過ぎです。

ですから、当分、株式市場の動揺は続くかもしれませんが、次第に落ち着きを取り戻すものと予想します。

算命学の時代推移の法則から観ると2016年から2018年にかけての3年間は、新時代へのステップの時代といえるのです。ですから、時代の転換に伴う大波乱相場が到来しているという見方もできます。

イギリスのEU離脱の影響は深刻化しない

イギリスのEU離脱は確かにショックな事態であり、当面、悲観論が続くと思います。しかし、このニュースがいままさに株式、為替、原油価格等々にとって大きなマイナス要因になっているとはいえ、イギリスのEU離脱が一気にEUとの関係を悪い方向に激変させるわけではありません。

イギリスとEU各国との交渉は、今後2年をかけて行われることになっています。移民や関税などの問題も話し合われるでしょうが、要はイギリスとEUがヒト、モノ、カネの経済的関係で対立するのを極力避けつつ、FTA（自由貿易協定）のような二国間の経済関係が個別に再構築されていくのではないかと思います。

経済がグローバル化していること、ロンドンが世界の金融センターであること、イギリスには海外企業（日本の場合は日立、トヨタ、日産、ホンダなど100社以上）が製造拠点を置いていること、EUと安全保障上密接な関係があること、こうした事柄も勘案すると、この問題は当初予想されたほど深刻化せずに、今後2年をかけてソフトランディングしていくように思います。

株の世界も政治、経済、国際情勢も従来の価値観がどんどん変化するなか、一進一退を続けながらでも、新しい価値を模索・創出する時代に向かっていることは確かです。おそらく、2018年がその大きな節目の年になるでしょう。

第5章

「2年で1億円！」をめざす爆騰銘柄

参考資料：『会社四季報』（東洋経済新報社）／『日経会社情報』（日本経済新聞出版社）
最低購入額は2016年7月1日時点の数値

この4大投資テーマが大相場をつくる!

波動論から観て２０１８年は大きな節目の年であり、戦後6回目の大相場は２０１７年の春先から２０１８年にかけて到来する確率が極めて高くなっています。

そして、これからの投資テーマは何かといえば、アベノミクスの第3の矢が目標としている「６００兆円に向けた『官民戦略プロジェクト10』」のなかにあることは間違いなく、なかでも大いに期待できるのが次の４大テーマです。

①第４次産業革命──イノベーション関連……このテーマが大相場を形成する本命です。とくにＡＩ（人工知能）とＩｏＴは最先端の技術・製品・サービスのすべてに関係しているので、関連銘柄は非常に有望です。ｉＰＳ細胞や創薬を手掛けるバイオ関連からも目が離せません。

②観光立国──インバウンド、新内需関連……東京オリンピックが近づくにつれてインバウンド関連が賑わうでしょう。この分野の裾野は広く、訪日観光客用のホテル不足を補う

民泊関連が伸びるはずですし、日本ならではのおいしさを提供する「食」関係も期待できます。福利厚生や求人などの分野も新内需関連としてターゲットに。

③住宅・不動産の再生、流通革命……2016年の後半は、これまでの金融相場のフィナーレを飾る個別物色相場が形成されるはずです。

三菱地所、清水建設、大林組などの業績も相当よくなると予想しますが、2年で1億円をめざす人は、業績変化率の大きい中小型株のなかから大化け株を探すべきでしょう。

④逆境でも成長期待の大企業大型株……デフレ不況に泣かされた企業が多いなか、高度な生産能力、技術革新を発揮して競合他社を凌いできた企業があります。アベノミクスの前進で日本経済が改善へと向かえば、これを先取りした買いが、そうした高成長企業に向かうはずです。

第1章でアベノミクス相場の上昇第3波があるとすれば、その時期は2016年後半から向こう3年だと述べました。本章であげた45銘柄は、私が独自の視点で選択したこの上昇相場に乗るはずの期待の銘柄です。是非、銘柄選びの一助にして戴ければと思います。

投資テーマ❶
第4次産業革命——イノベーション関連

ユーグレナ

東証1部

証券コード
2931

☆——主力の緑汁・サプリの直販が好調

微細藻ミドリムシを活用した機能性食品、化粧品の開発・販売を行うほか、バイオジェット燃料の生産に向けた研究を行っています。

ガンホー・オンライン・エンターテイメントと並んで、近年、短期間で大化けした株の代表的な銘柄です。私はこの2社をいち早く推奨したと自負していますが、すでに2社ともよく知られていますから、夢の相場は終了です。

しかし、ユーグレナは、主力の緑汁・サプリの直販が定期顧客13万人を超えて好調ですから、今後も注目しておいたほうがよいでしょう。

2016年9月期の第2四半期連結決算では、営業利益が前年同期比2・4倍の4億5400万円と急拡大しており、化粧品事業分野では、新たにヘアケアブランドを開発し、7月11日から全国の美容サロン等で発売される運びです。

ユーグレナ

(2931) 日足チャート

最低購入額：**14万4,800**円
売買単位：**100**株

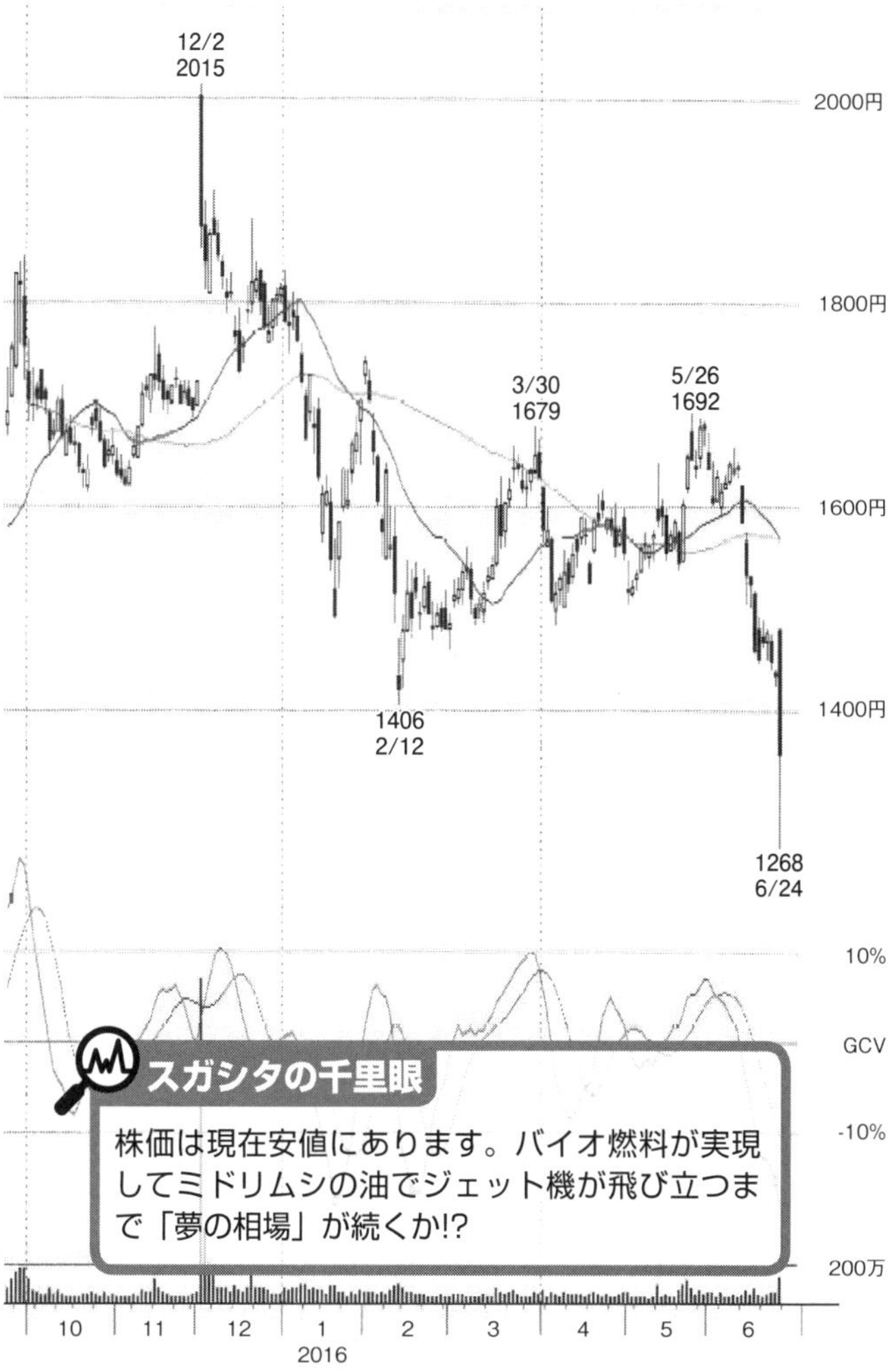

スガシタの千里眼

株価は現在安値にあります。バイオ燃料が実現してミドリムシの油でジェット機が飛び立つまで「夢の相場」が続くか!?

投資テーマ❶
第4次産業革命――イノベーション関連

KLab《クラブ》

東証1部

証券コード
3656

☆――スマートフォン用ゲームを世界展開

スマートフォン向けソーシャルゲームの開発・運営を主な事業としています。

主力のゲーム「ラブライブ！　スクールアイドルフェスティバル」は国内利用が一巡したものの、２０１６年3月にユーザー数２５００万人を突破、他の有名アニメを使ったゲームも人気を博しています。

海外のゲーム配信会社との提携に意欲的で、２０１５年からアメリカで大ヒットしたTVドラマ「glee」をモチーフにしたゲームを世界展開しています。

また、同社は２０１５年10月、インターネット企業を対象としたベンチャーキャピタル（VC）ファンドの運営を目的に、１００％出資の子会社「KLab Venture Partners（KVP）」を設立。1号ファンドの出資者は、同社を含めた国内大手事業会社で構成されており、すでに運用を開始しています。

KLab《クラブ》

(3656) 日足チャート

最低購入額：**6万7,900**円
売買単位：**100**株

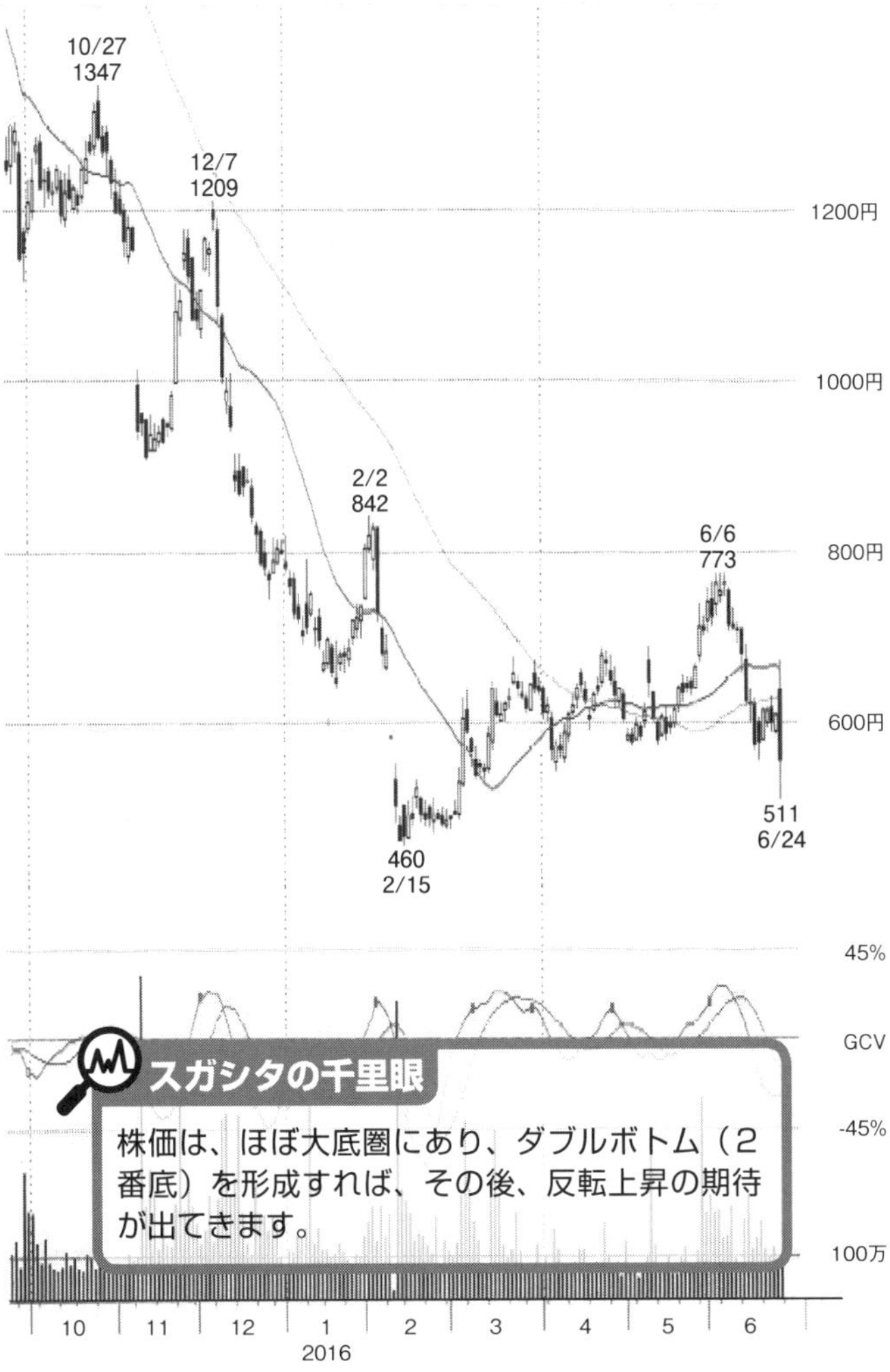

スガシタの千里眼

株価は、ほぼ大底圏にあり、ダブルボトム（2番底）を形成すれば、その後、反転上昇の期待が出てきます。

投資テーマ❶
第4次産業革命──イノベーション関連

オークファン

マザーズ

証券コード
3674

☆──月間訪問者数1500万人のサイトを運営

国内最大級のネットオークション価格比較・相場検索サイト「オークファンドットコム」を運用。約300億件以上にのぼる膨大な蓄積データを武器にサイト利用者を増大させています。

同サイトでは、オークション、ショッピングの商品及び価格情報の比較・検索・分析等ができるほか、過去に取引された商品の価格や取引数などの閲覧が可能で、これらのサービスを利用する訪問者は月間1500万人を超えています。

2015年7月と2016年1月の会社買収に4月の事業譲受が加わって大幅増収増益となり、2017年9月期も買収会社が通期寄与して業容は拡大基調です。

また、クラウド活用で営業基盤を持つスマートソーシング社の買収によって法人客開拓を推進しようとしています。

オークファン

(3674) 日足チャート

最低購入額：**11万8,700**円
売買単位：**100**株

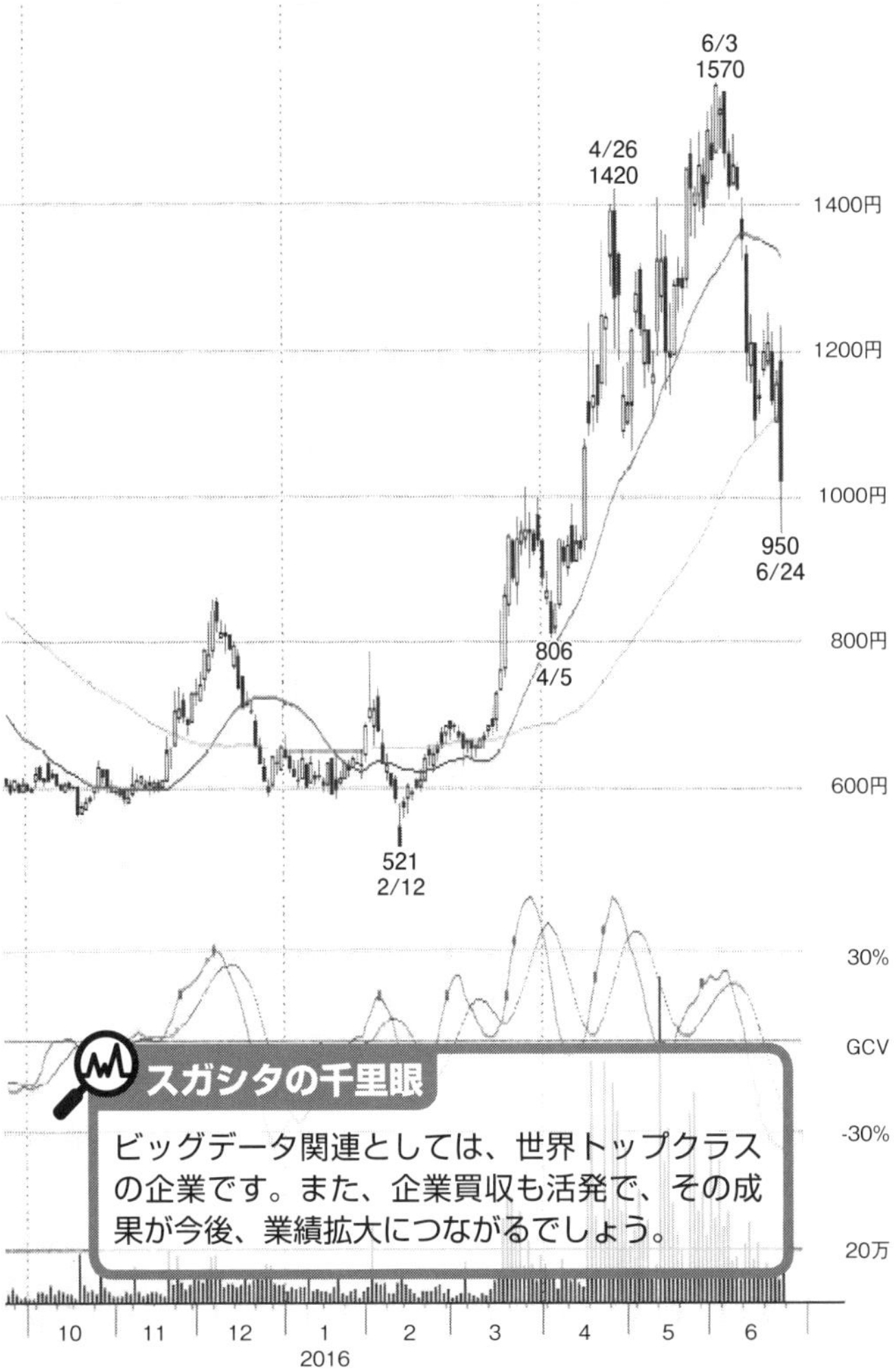

スガシタの千里眼

ビッグデータ関連としては、世界トップクラスの企業です。また、企業買収も活発で、その成果が今後、業績拡大につながるでしょう。

テラスカイ

マザーズ

証券コード
3915

☆——事業体の拡大が続くクラウド・インテグレーター

2014年10月に米国の大手・セールスフォース社と業務提携し、2015年に上場したクラウドシステムの導入支援・開発事業を展開する新興企業です。

本年1月にIoT専業ソリューションベンダーのエコモット（札幌市）と資本業務提携し、3月にはクラウドを活用したERP事業の新会社BeeXを設立。

次いで4月には、地方営業パートナー強化のためにクラウドインテグレーションで実績のあるクラウディアジャパン（福岡市）を子会社化するなど事業体の拡大が続いています。

クラウド市場の拡大に伴い、ソリューション事業および製品事業が大幅に伸長し、案件の大型化も順調に進んで収益が向上していますが、人員採用など先行投資の負担増と新規子会社BeeXの赤字も響き営業益はやや伸び悩んでいます。

テラスカイ

(3915) 日足チャート

最低購入額：77万8,000円
売買単位：100株

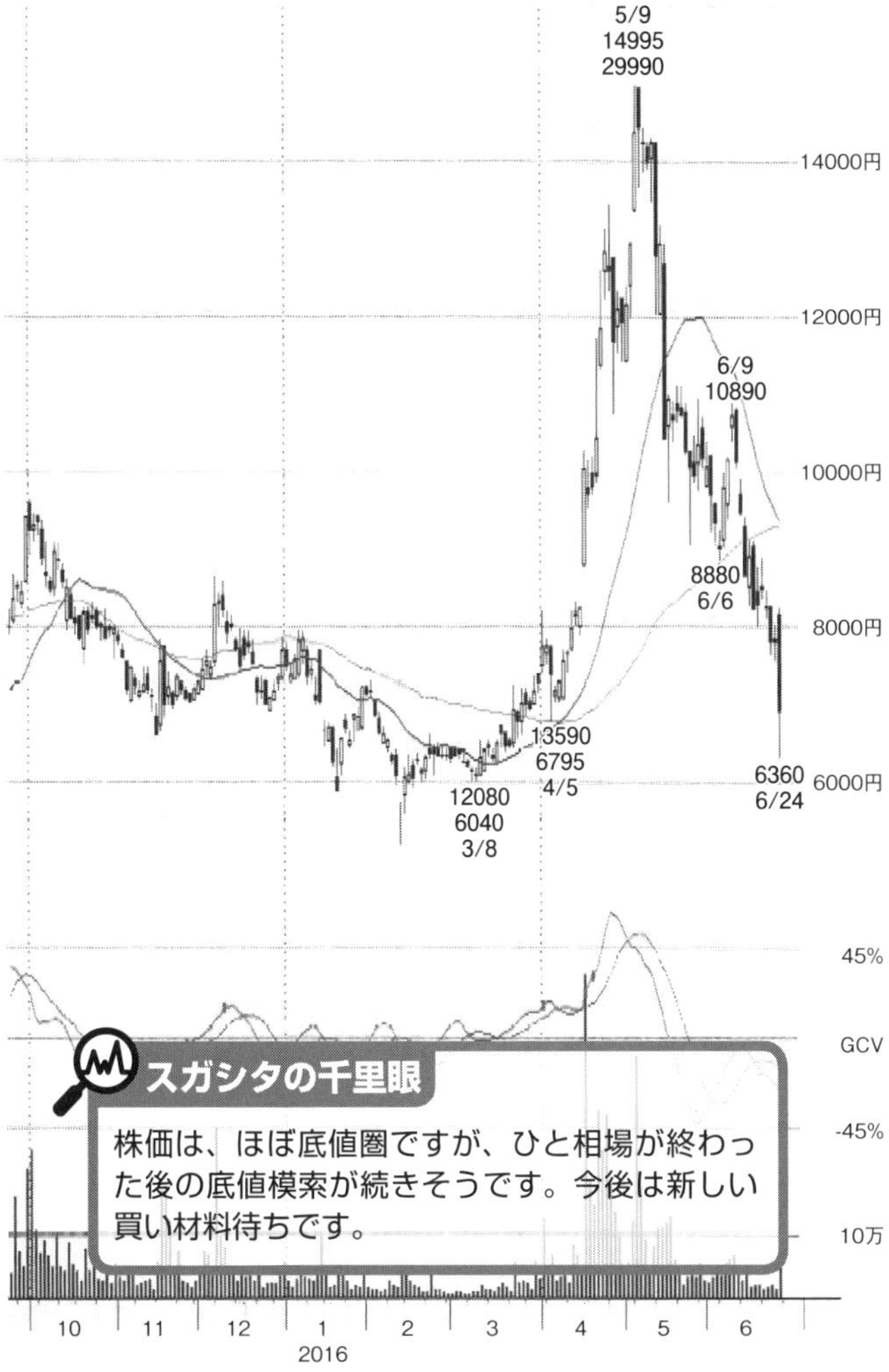

スガシタの千里眼

株価は、ほぼ底値圏ですが、ひと相場が終わった後の底値模索が続きそうです。今後は新しい買い材料待ちです。

投資テーマ❶
第4次産業革命――イノベーション関連

アカツキ

マザーズ

証券コード
3932

☆――IoT活用による新領域進出を目論む

2016年3月に上場されたばかりのソーシャルゲームの企画・開発を手掛ける新進気鋭の新興企業です。他にはない企業文化を持ち、3年連続「日本における働きがいのある会社」ベストカンパニーに選出されています。

自社開発の「サウザンドメモリーズ」や共同開発の「ドラゴンボールZドッカンバトル」などのヒット作が引き続き好調で、人件費や開発費の負担増はあったものの、営業益は大幅に増大しています。

欧米やアジアなど海外30カ国でも販売が増大しており、今期は「リラックマ」を採用した3本の新作を投入する計画もあります。

加えて、IoT活用によるヘルスケア事業や育児事業など、ソーシャルゲーム以外の新領域への進出も目論んでいます。

アカツキ

(3932) 日足チャート

最低購入額：**35万5,000**円
売買単位：**100**株

スガシタの千里眼

最近のIPO（新規上場）銘柄のなかで、もっとも人気化した銘柄のひとつです。株価は現在、底値模索から反発高へ！

AWSホールディングス

マザーズ

証券コード
3937

☆──医療情報関連で飛躍する新規上場銘柄

本年6月21日に新規上場された銘柄です。

2005年にワールド社系列のオフショア事業として設立され、2012年に医療情報ソフト開発のエーアイエス社を子会社化し、2013年に社名を変更して現体制に。2015年に日本IBMとパートナー契約を結んでいます。

事業はフィリピン子会社を活用したオフショアのシステム開発と医療情報関連ソフトを二本柱としており、システム開発は金融案件の実績が多く、医療事業ではレセプト点検ソフト「マイティーチェッカー」を主力とし、オーダー時点検ソフト「マイティーキューブプロ」など複数のソフトを保有しています。

2017年3月期はオフショア開発が金融案件を中心に堅調で、製造業向けも増加し、医療もパッケージソフトが順調、受託開発が底堅く営業益続伸の方向です。

AWSホールディングス

（3937）日足チャート

最低購入額：**83万5,000**円
売買単位：**100**株

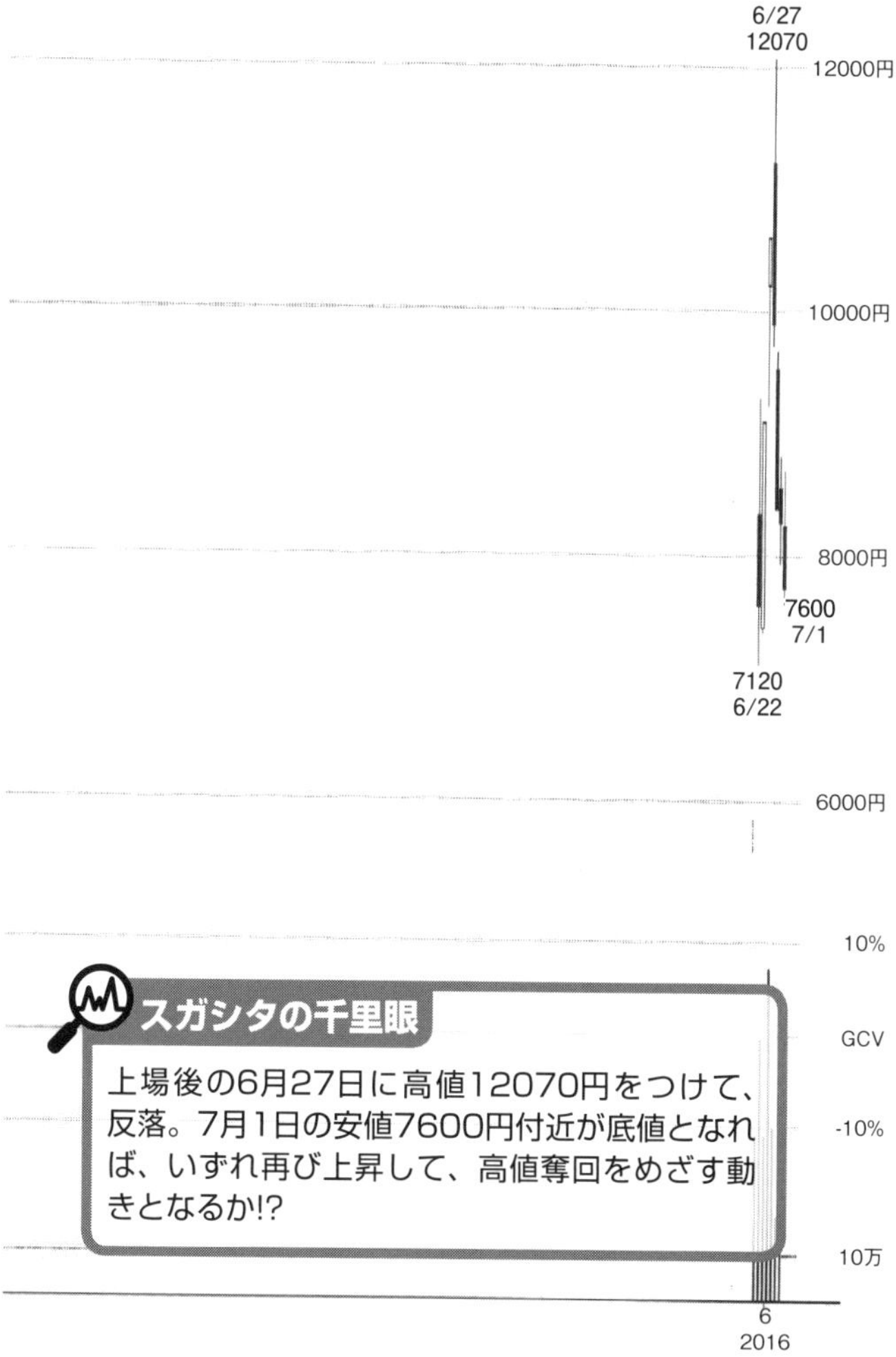

スガシタの千里眼

上場後の6月27日に高値12070円をつけて、反落。7月1日の安値7600円付近が底値となれば、いずれ再び上昇して、高値奪回をめざす動きとなるか!?

投資テーマ❶
第4次産業革命——イノベーション関連

そーせいグループ

マザーズ

証券コード
4565

☆——M&Aを積極的に展開する創薬ベンチャー

医薬品開発を手掛けるバイオテクノロジー企業。本年5月9日に高値2万6180円を付け、マザーズ指数における19・7%というウエートが注目されました。

近年、欧米の大手薬品企業との提携を推進する一方、M&Aを積極的に展開し、革新的な創薬基盤技術を持つ会社を子会社化しています。

欧州大手のアラガン社と認知症・統合失調症治療薬を含む中枢神経系疾患治療薬を共同開発し、英国カイマブ社とはガン免疫治療法向け抗体を開発しています。

慢性閉塞性肺疾患治療薬が米国の承認を得て、スイス・バーゼルに本拠地を置くノバルティス社からのロイヤルティが増大すると共に、子会社へプタレスとアラガン社との提携で、契約一時金約135億円を計上。研究開発支援金の計上もあり、営業利益は大幅に増大しています。

そーせいグループ

(4565) 日足チャート

最低購入額：**187万1,000円**
売買単位：**100株**

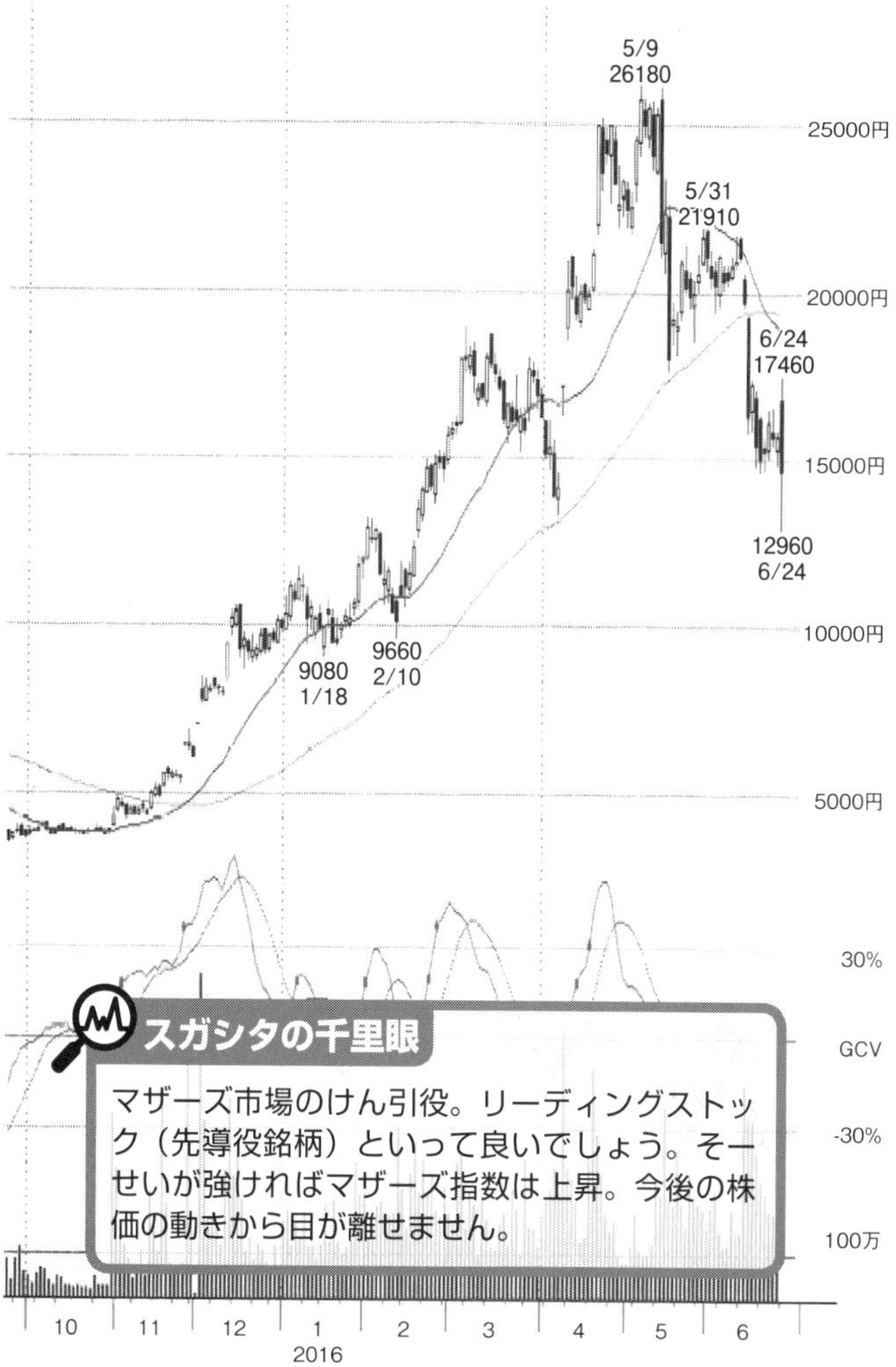

スガシタの千里眼

マザーズ市場のけん引役。リーディングストック（先導役銘柄）といって良いでしょう。そーせいが強ければマザーズ指数は上昇。今後の株価の動きから目が離せません。

投資テーマ❶
第4次産業革命――イノベーション関連

ペプチドリーム

東証1部

証券コード

4587

☆――日本発、世界初の新薬創出を目指す

2006年に創業した東京大学発の産学連携による創薬ベンチャー。旭化成ファーマとの共同研究、米国リリー社との技術ライセンス契約、マイルストーンフィーも上乗せされ、2017年6月期も共同研究や技術供与の新規提携先が拡大する見込みで、自社創薬に伴う研究開発費が増大しているものの、連続して営業益が増えています。

現在、米国ブリストル・マイヤーズ・スクイブ社との共同研究開発プロジェクトから見出された特殊環状ペプチドの臨床試験開始が注目されています。

また、米国のバインド社とナノ粒子医薬を標的細胞に届ける特殊ペプチド探索で提携する一方、JAXAと国際宇宙ステーションでの医薬品候補タンパク結晶化の実験を行う計画もあります。

ペプチドリーム

(4587) 日足チャート

最低購入額：63万4,000円
売買単位：100株

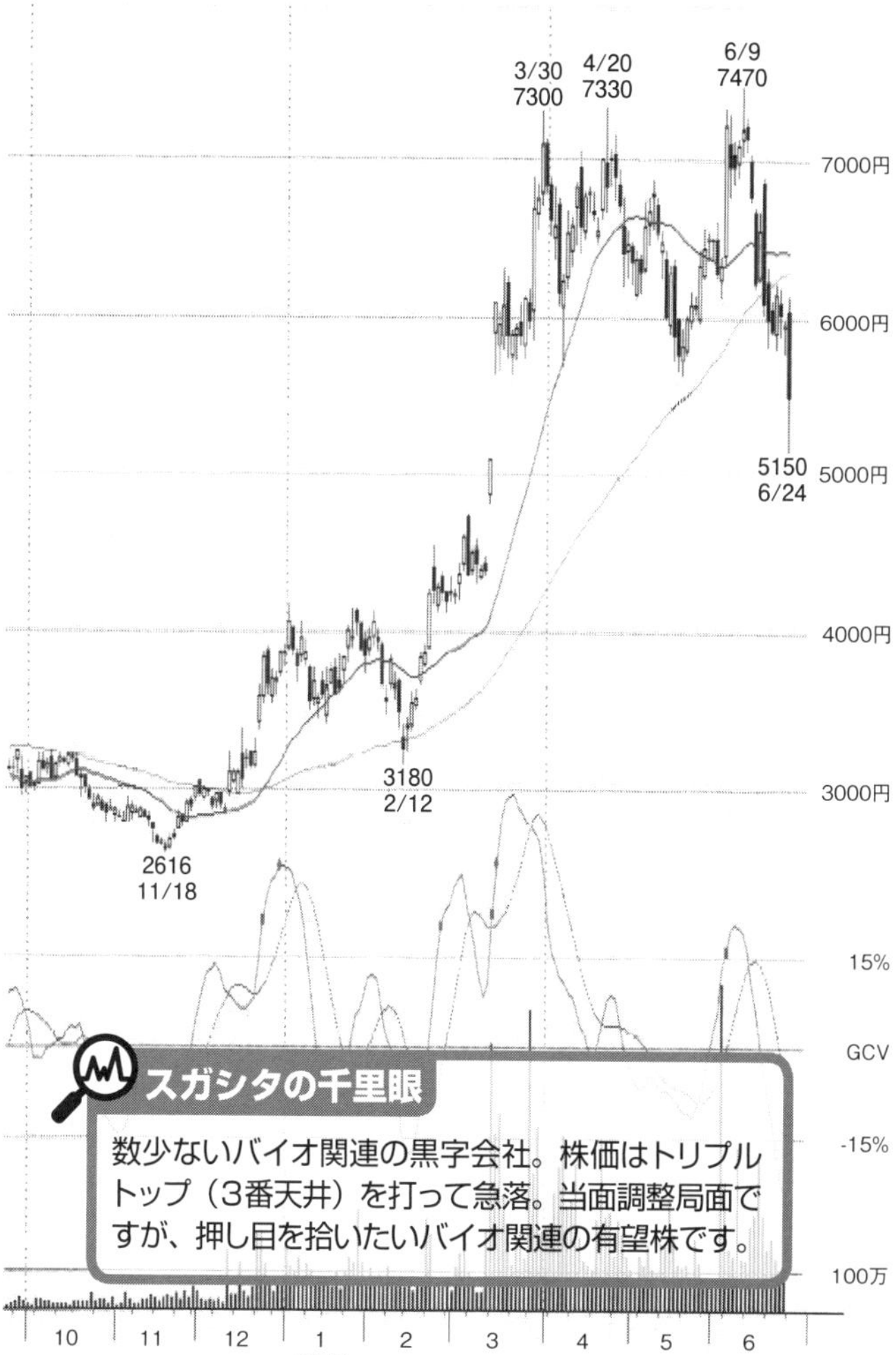

スガシタの千里眼

数少ないバイオ関連の黒字会社。株価はトリプルトップ（3番天井）を打って急落。当面調整局面ですが、押し目を拾いたいバイオ関連の有望株です。

投資テーマ❶
第4次産業革命――イノベーション関連

ヘリオス

マザーズ

証券コード
4593

☆――バイオ関連株物色の流れに乗る銘柄

2011年創業、2015年6月上場のバイオベンチャーです。本社を港区浜松町に置き、神戸と横浜に研究所を構えています。iPS細胞を使った眼科用再生治療の開発で注目されています。

眼科手術補助剤のロイヤルティが堅調で、さらに新規提携の一時金およびマイルストーンフィーなどが営業利益増につながると期待されています。

米国のユニバーサルセル社から遺伝子編集技術を導入し、免疫反応を抑制した多能性幹細胞作成を目指しており、急性期脳梗塞治療薬は国内での速やかな治療申請を目指して準備中です。この申請手続きを想定して本年6月上旬、ヘリオスは連日で上場来高値を更新しており、今後もバイオ関連株物色の流れに乗る銘柄として注目されています。

ヘリオス

（4593）日足チャート

最低購入額：**22万2,100円**
売買単位：**100株**

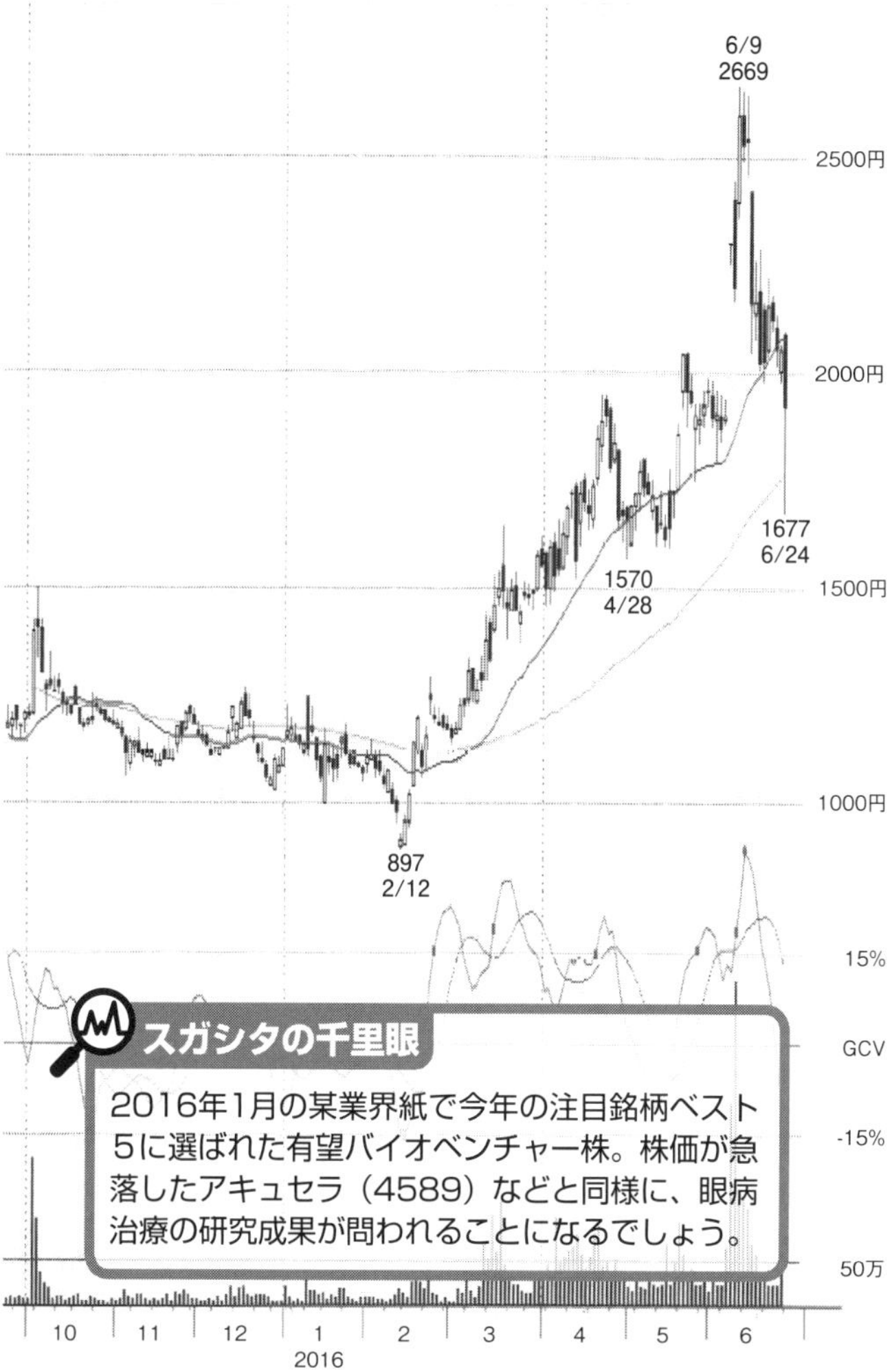

スガシタの千里眼

2016年1月の某業界紙で今年の注目銘柄ベスト5に選ばれた有望バイオベンチャー株。株価が急落したアキュセラ（4589）などと同様に、眼病治療の研究成果が問われることになるでしょう。

投資テーマ❶
第4次産業革命――イノベーション関連

星光《せいこう》PMC

東証1部

証券コード
4963

☆――主力製品の販売増と新素材開発に期待が集まる

国内有数の製紙用薬品メーカーとして知られています。他にインキやトナーなどの印刷用樹脂材料を手掛けており、中国での生産販売も進めています。

製紙用薬品は国内販売が厳しいなか、高機能品を投入したことが功を奏しています。また、印刷用インキも国内需要が減少しているとはいえ、中国では水性インキ用樹脂の投入効果が顕著になっています。中国の生産拠点における効率化が奏功し、原材料安も継続していることから営業益が続伸しています。

自動車部材などの採用を目指してセルロースナノファイバー（紙の繊維をナノレベルまで細かくしたもので、鉄の5倍の強さと軽さをあわせ持つ）の開発を継続しており、化成品は3Dプリンター関係の引き合いが増加している点が期待され、タブレット用として開発中の銀ナノワイヤにも期待が集まっています。

星光《せいこう》PMC

（4963）日足チャート

最低購入額：**10万6,000**円
売買単位：**100**株

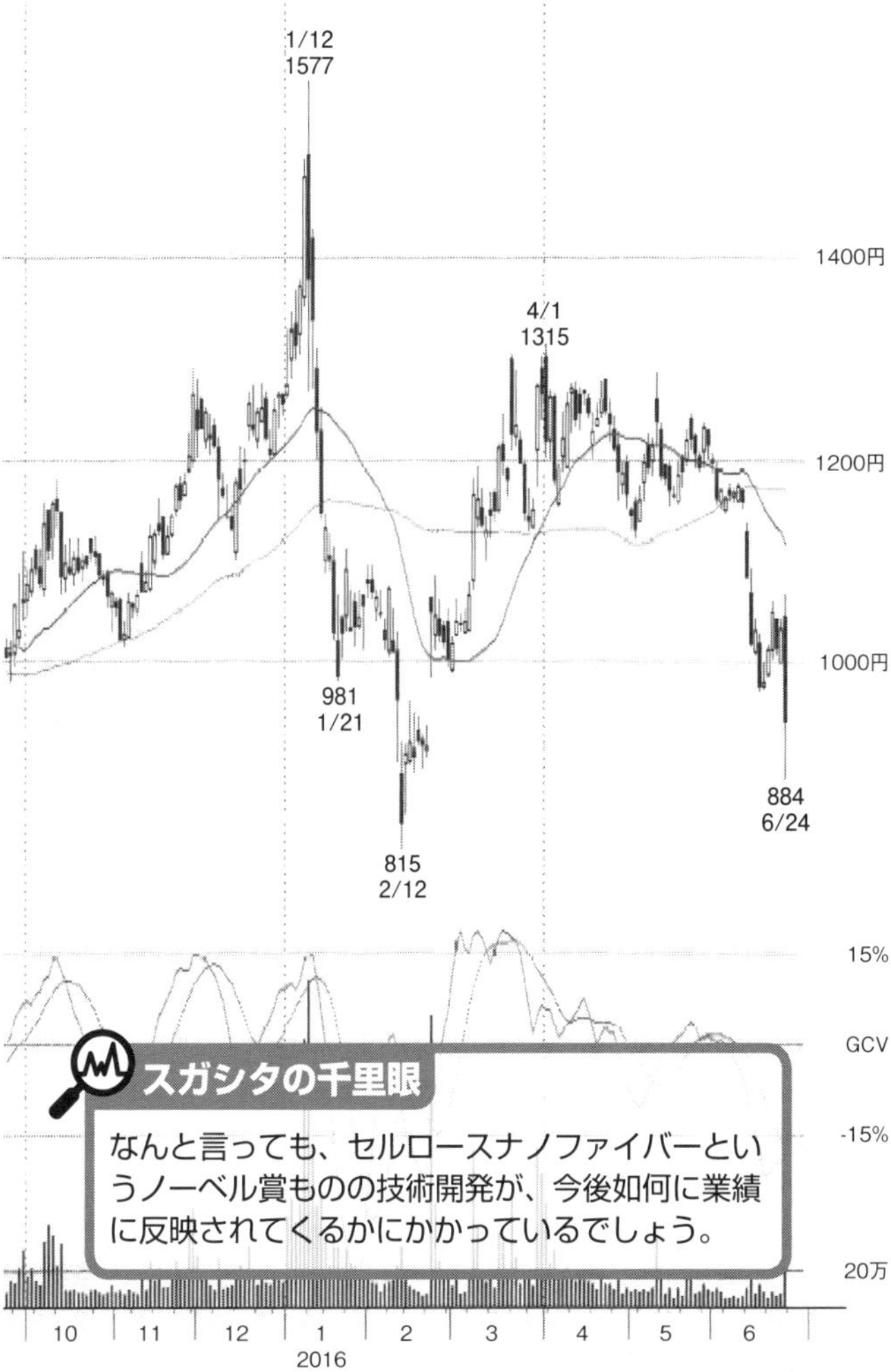

スガシタの千里眼

なんと言っても、セルロースナノファイバーというノーベル賞ものの技術開発が、今後如何に業績に反映されてくるかにかかっているでしょう。

投資テーマ❶
第4次産業革命——イノベーション関連

エクストリーム

マザーズ

証券コード
6033

エンタテインメント系ソフトウエア（オンラインゲーム、ソーシャルアプリ、携帯電話向けコンテンツ等）の開発・運営とクリエイター・プロダクションとして、2014年12月に上場されました。

ゲーム開発業者への技術者派遣および受託開発が主力で、自社のゲーム開発は採算が不安定のため、M&Aで非ゲーム化へ傾斜しています。メイン事業の技術者派遣がスマホ向けで快走、ECなどネット関連開拓効果でフル稼働状態です。

☆——M&A効果もプラスして大幅増益

前期末の派遣料引き上げもあって採算が向上しており、本年4月に買収した子会社ウィットネストの高収益も寄与して大幅増益。増配幅拡大の公算が大きくなっています。子会社は通信大手、大手企業など手つかずの分野に強く、顧客基盤の拡大、新規事業参入に大きく貢献しています。

エクストリーム

(6033) 日足チャート

最低購入額：**42万9,000**円
売買単位：**100**株

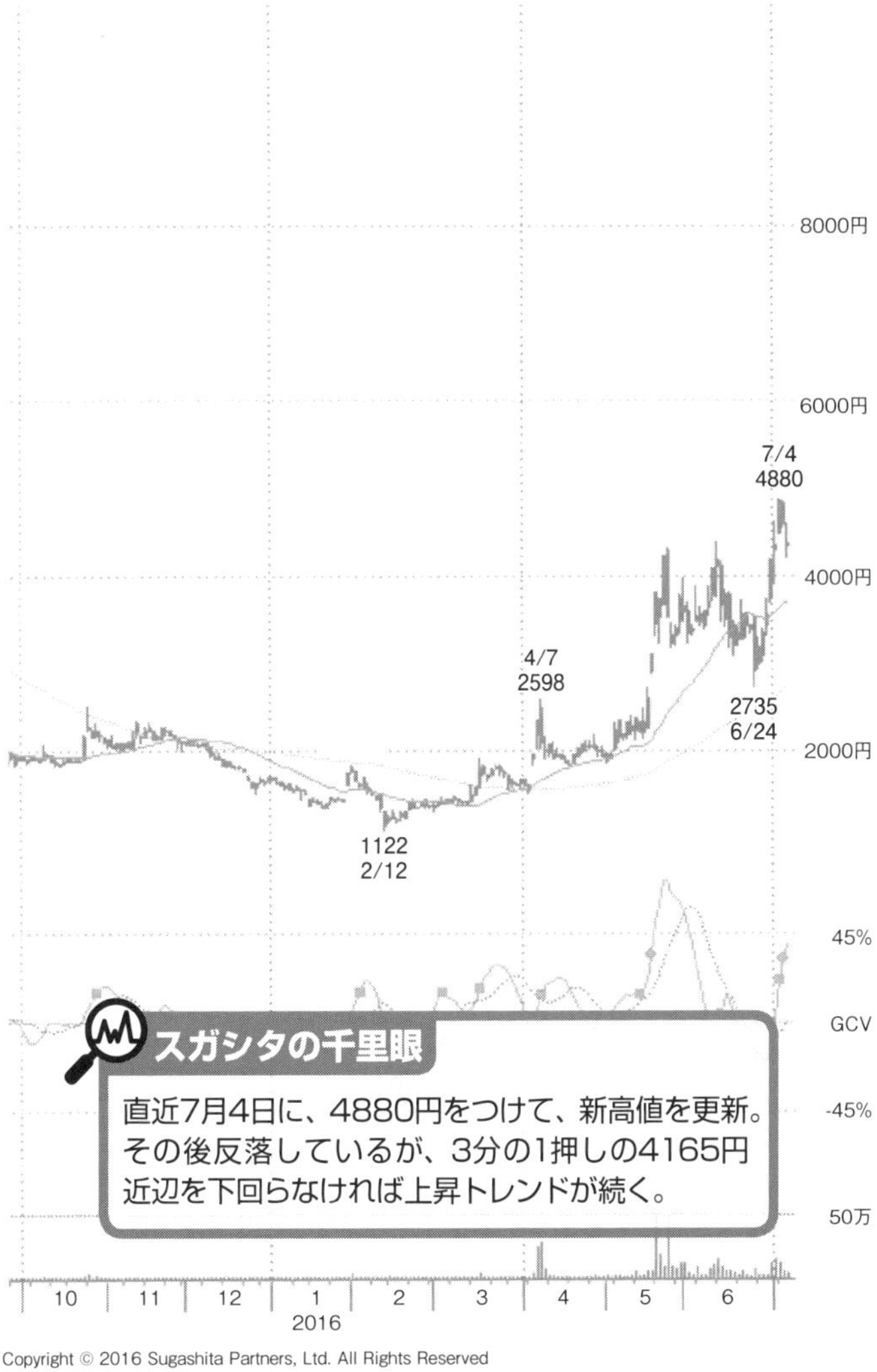

スガシタの千里眼

直近7月4日に、4880円をつけて、新高値を更新。その後反落しているが、3分の1押しの4165円近辺を下回らなければ上昇トレンドが続く。

フリークアウト

マザーズ

証券コード
6094

☆――LINEとのシナジー効果に注目

2010年に設立され、最先端の広告技術をグローバルに展開しています。

2011年1月に国産初のDSP（広告配信サービス）をリリースして以降、DMP（データ・マネジメント・プラットフォーム）、ネイティブ広告など様々な自社プロダクトを開発し続け、アドテクノロジー業界を牽引しています。

ネット上の広告をリアルタイムで取引するDSP事業を主力としており、新規のDMP事業は通期で予想以上に拡大しています。

下期にネイティブ広告を持分会社に移行しても、通期営業は急反発し、2017年9月期もDSP・DMPともに伸長しています。

本年2月にネイティブ広告子会社は、株式の過半をLINEへ売却し、持分会社に移行したものの、同分野でLINEとのシナジー効果を狙っています。

フリークアウト

（6094）日足チャート

最低購入額：**70万8,000**円

売買単位：**100**株

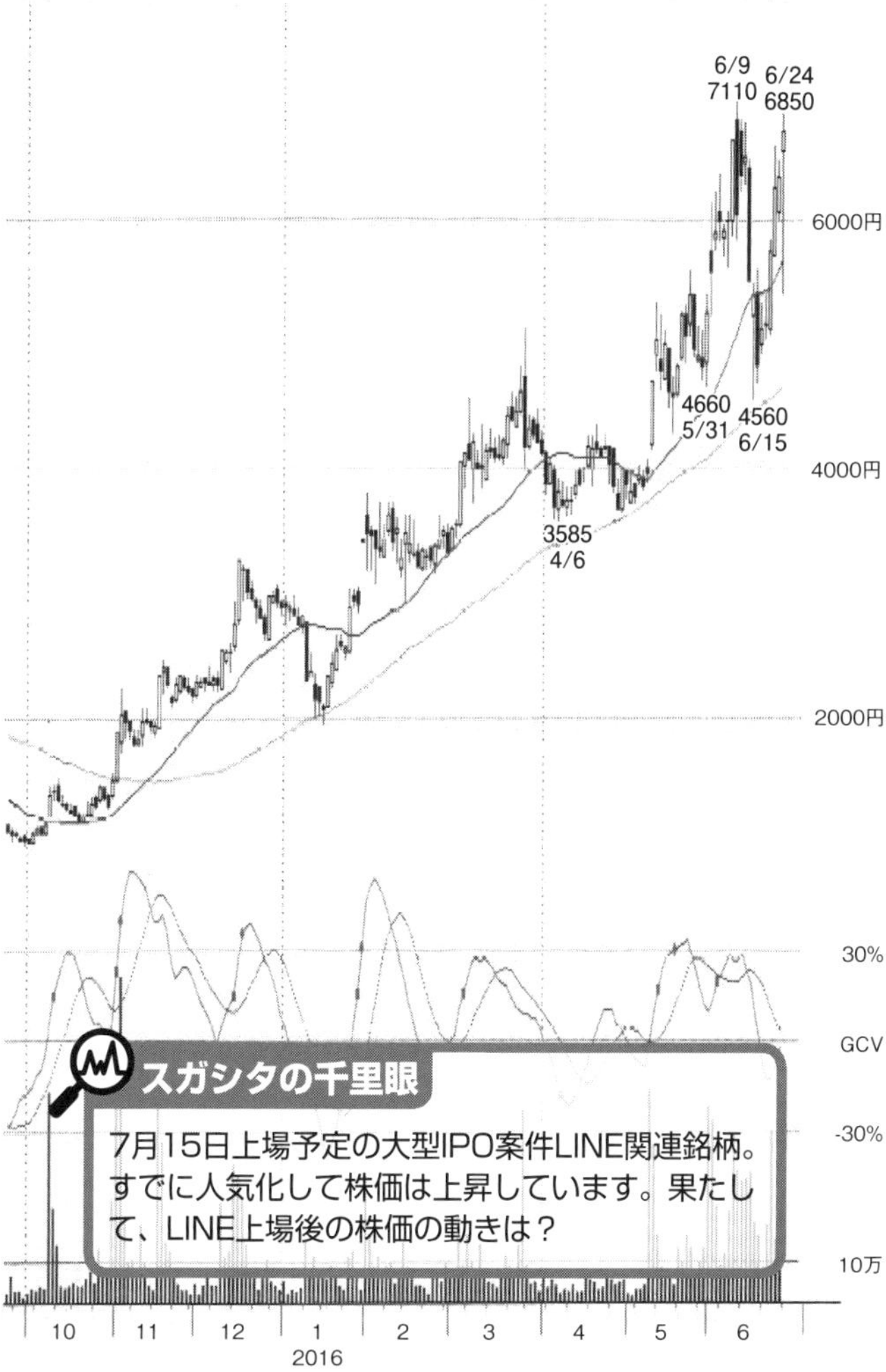

スガシタの千里眼

7月15日上場予定の大型IPO案件LINE関連銘柄。すでに人気化して株価は上昇しています。果たして、LINE上場後の株価の動きは？

投資テーマ❶
第4次産業革命──イノベーション関連

中村超硬《なかむらちょうこう》

マザーズ

証券コード
6166

☆──最先端分野で必須の加工用製品で知られる

１９７０年に設立され、上場を果たしたのは２０１５年6月です。大阪府堺市に本社を構え、和泉市に工場が所在しており、本年12月から沖縄で新工場が稼働する運びです。太陽電池やＬＥＤウエハの切断用ダイヤモンドワイヤが主力製品で、電子材料スライス周辺、特殊精密機器、化学繊維用紡糸ノズルなども手掛けています。

ダイヤモンドワイヤは、中国の太陽光パネルウエハ加工向けを中心に増産。新規顧客の開拓増も寄与して営業益が増大しています。

沖縄新工場の稼働によって30％増産を目指すそうで、今期、線径60マイクロメートルに細線化したダイヤモンドワイヤを投入するほか、化学・医薬品の製造期間短縮を可能にするリアクター事業育成にも取り組んでいます。

中村超硬《なかむらちょうこう》

（6166）日足チャート

最低購入額：**22万6,500**円
売買単位：**100**株

スガシタの千里眼

最近上場したIPO銘柄のなかで上場後、大幅に株価が上昇した人気株。現在は、ひと相場終わった後の底値形成期です。

ロゼッタ

マザーズ

証券コード
6182

☆――人工知能（AI）分野で注目

2004年に設立され、2015年11月に上場されました。人工知能（AI）とWeb検索活用の自動翻訳サービス・ソフトを提供しています。なお、このソフトは専門的な産業向け翻訳に特化しています。

ソフト活用型の翻訳サービスは利用企業が増加しており、自動翻訳ソフトの年間契約が増大、人間による翻訳も奏功して営業増益をもたらしています。結果、人件費増をこなし、営業外の上場費用も消えていることから、配当性向は3割を目標に順次引き上げる方針です。

今期、契約企業にオーダーメードで提供する、AIを活用した自動翻訳サービスを投入する計画で、中長期的には画像・音声認識を取り入れた自動翻訳技術の開発を計画しています。

ロゼッタ

(6182) 日足チャート

最低購入額：**36万8,000**円
売買単位：**100**株

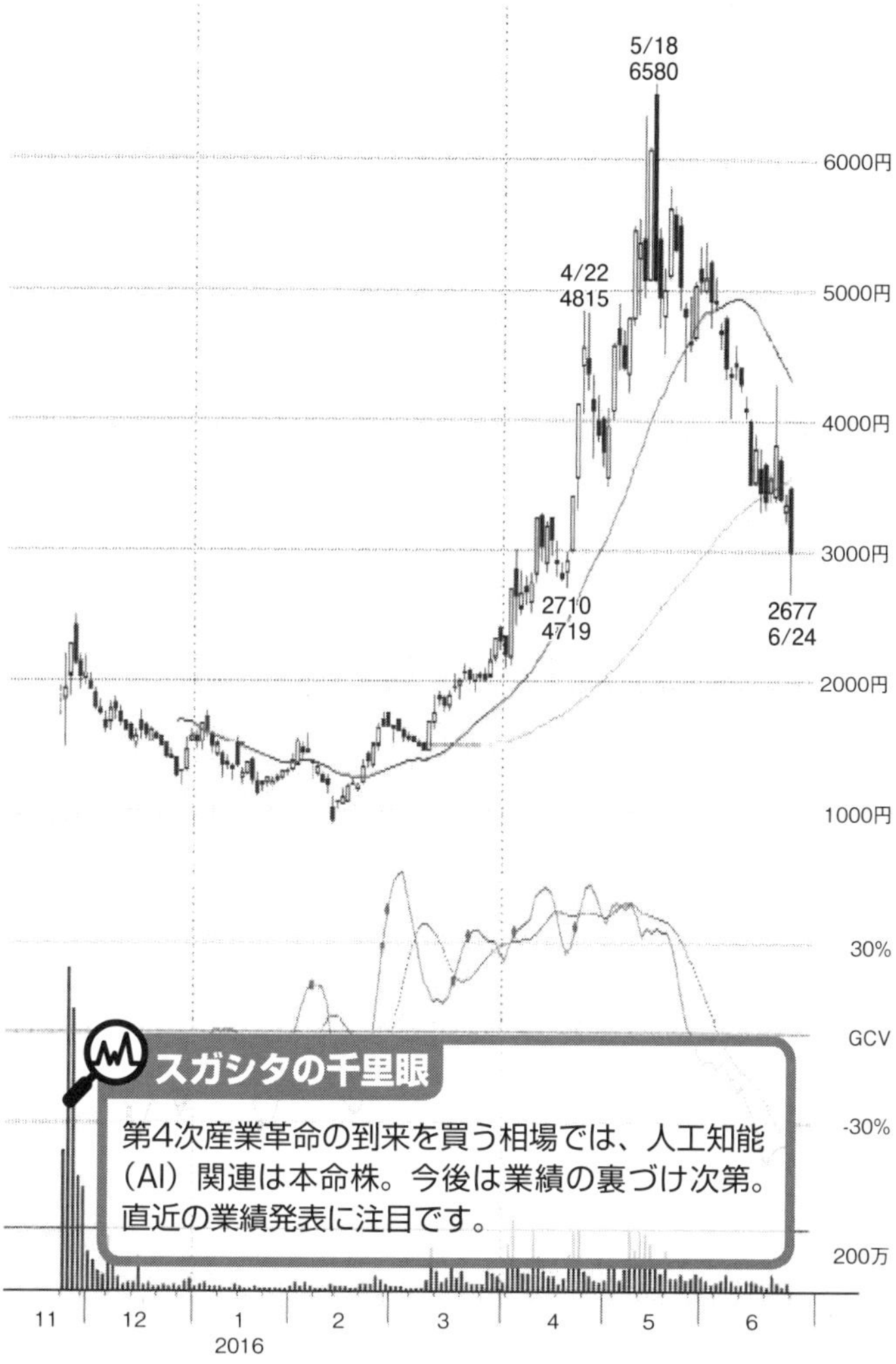

投資テーマ❶
第4次産業革命——イノベーション関連

ワイエイシイ

東証1部

証券コード
6298

☆——営業益を倍増させている各種自動化機器の中堅

1973年に設立された電子デバイス製造装置を手掛けるメーカーです。メモリディスク関連・液晶関連を主力化し、太陽電池製造装置に参入しています。連結事業はディスプレイ関連、メカトロニクス関連、クリーニング関連など多岐にわたっています。

半導体製造関連のYACガーターがフルに寄与し、スマホ・タブレット向け加熱装置、さらには電力向けハンドラー装置も順調に拡大しており、営業益は倍増近くに達しています。

クリーニング関連は訪日外人観光客の増大に伴ってホテル需要が拡大し、まだ小規模ながら連結子会社のYAC国際電熱による金型加熱装置も好調。M&Aへの積極姿勢も継続しています。

ワイエイシイ

(6298) 日足チャート

最低購入額：**13万3,100円**
売買単位：**100株**

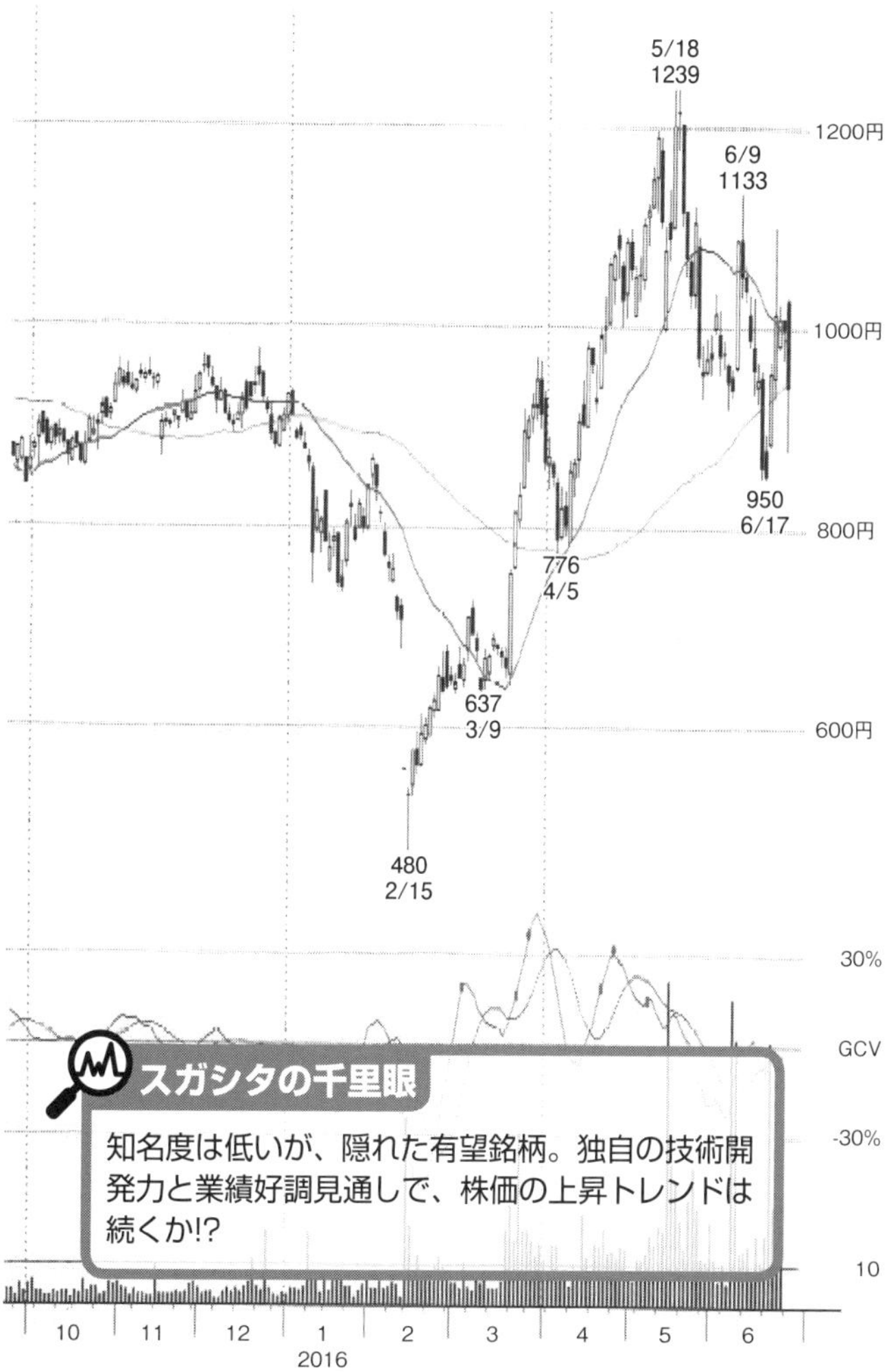

スガシタの千里眼

知名度は低いが、隠れた有望銘柄。独自の技術開発力と業績好調見通しで、株価の上昇トレンドは続くか!?

投資テーマ❷
観光立国――インバウンド、新内需関連

インベスターズクラウド

マザーズ

証券コード
1435

☆――アパート経営プラットホームの会員数が増大

2015年12月に上場された不動産・住宅関連の新興企業です。アパート経営プラットホーム「TATERU」をWebで展開し、常時130件以上の土地情報を保有しています。

サイト会員数が増え続け、閲覧から成約に至る比率も改善しており、1棟平均約5000万円の建築請負業務が20%以上増えています。

管理戸数も増大しているため、新サイト開発費をこなし営業益が伸長し、最高益更新によって連続増配となっています。

新サイトの不動産投資型クラウドファンディングは小口投資が可能で、新規会員の獲得と既存休眠会員活性化につながっています。持分法適用会社のRAMが2016年12月期から連結決算によって寄与開始するとみられています。

インベスターズクラウド

最低購入額：**39万4,000**円
売買単位：**100**株

（1435）日足チャート

※6/28に株式を1：2に分割

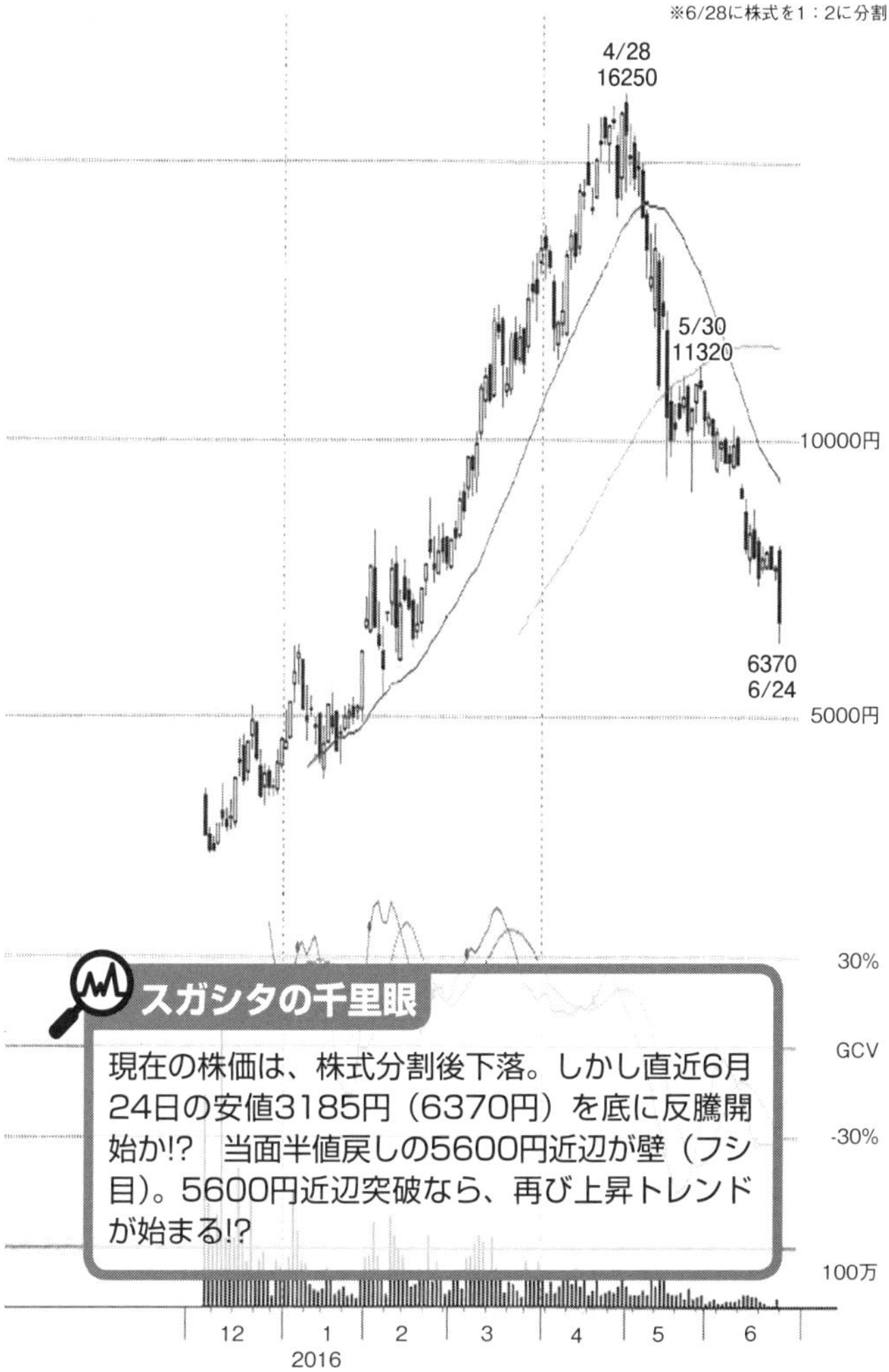

スガシタの千里眼

現在の株価は、株式分割後下落。しかし直近6月24日の安値3185円（6370円）を底に反騰開始か!?　当面半値戻しの5600円近辺が壁（フシ目）。5600円近辺突破なら、再び上昇トレンドが始まる!?

投資テーマ❷
観光立国―インバウンド、新内需関連

六甲バター

東証1部

証券コード
2266

☆―最高益を更新したベビーチーズ最大手

ベビーチーズの製造メーカーとして最大手です。輸入加工が主力で、三菱商事と仕入れ、販売面で協力関係に。ナッツ、チョコレートも取り扱っており、両者ともに順調に売り上げを伸ばし、新製品も好調です。

主力のチーズも家庭用を中心に好調で、高価格帯商品の需要も根強く、輸入チーズの原料価格の高止まりから軟調傾向にあったものの、販売管理費などの抑制効果もあって最高益を更新しています。

商品開発にも積極的に取り組んでおり、野菜など食材に合わせた製品やお酒に合うチーズ製品の開発に注力し、レシピなどを提供してその訴求に努めています。

容量を増量したスライス製品も、お得感が売り上げ増につながっていることから、引き続きお得感の創出に注力するとしています。

六甲バター

(2266) 日足チャート

最低購入額：**23万2,700円**
売買単位：**100株**

スガシタの千里眼

食品株全体が底固い動き。6月10日に2500円の高値をつけて、6月24日の安値2085円で当面の底入れ。今後この2085円を下回らなければ、ジリ高トレンド続くか!?

投資テーマ❷
観光立国——インバウンド、新内需関連

ディップ

東証1部

証券コード
2379

☆——スマホシフトを追い風に純益最高を更新

インターネット上でアルバイト、派遣、看護師紹介などの求人情報を提供している企業です。設立されたのが1997年、上場されたのが2004年ですから、ネットに特化した求人情報提供者としては老舗に入ります。

看護師紹介はやや軟調ですが、主力のアルバイトの情報サイト「バイトルドットコム」が絶好調を維持しています。スマホシフトを追い風に営業員を増強し、宣伝攻勢も奏功して派遣情報も堅調です。人件費、宣伝費増をこなして営業益が続伸、純益最高を更新しています。

一方、「バイトル社員」を「バイトルNEXT」に変更し、正社員求人の開拓に注力するとともにフリーター層にも訴求するために営業員増員を計り、本年6月に営業拠点の一部の拡張・移転を進めています。

ディップ

(2379) 日足チャート

最低購入額：**28万3,200**円
売買単位：**100**株

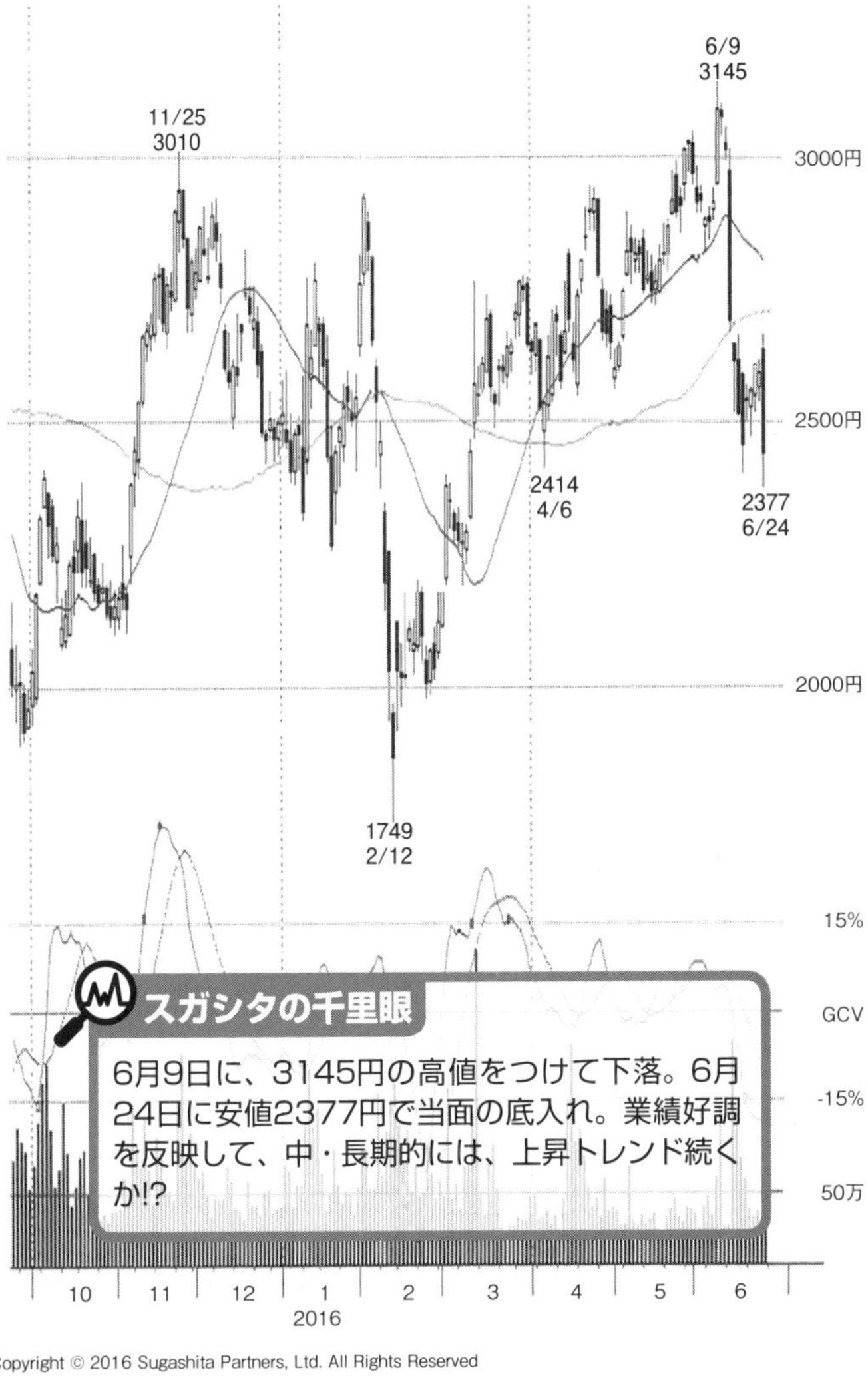

スガシタの千里眼

6月9日に、3145円の高値をつけて下落。6月24日に安値2377円で当面の底入れ。業績好調を反映して、中・長期的には、上昇トレンド続くか!?

オプトホールディング

東証1部

証券コード
2389

☆――スマホ動画やSNS広告が予想以上に伸長

業界第2位のネット広告専業の代理店。金融、不動産などが得意分野でデータベース事業を拡大中です。

スマホ動画やSNS（ソーシャル・ネットワーキング・サービス＝「人同士のつながり」を電子化するサービス）が予想以上に伸長し、大型案件に加えてオムニチャンネル（実店舗やオンラインストアをはじめとする販売チャネルや流通チャネルを統合すること）関連の採算改善も寄与。利益率のよい自社商材も増大しています。人件費増をこなし、株売却益を織り込まずに営業益を増進しています。

アドテクの研究開発などを行うエンジニアの専門組織を設立し、2017年末までに100人態勢に拡大する計画が進捗しており、シンガポールの動画アプリ運営企業と資本提携する模様です。

オプトホールディング

(2389) 日足チャート

最低購入額：**7万7,400**円

売買単位：**100**株

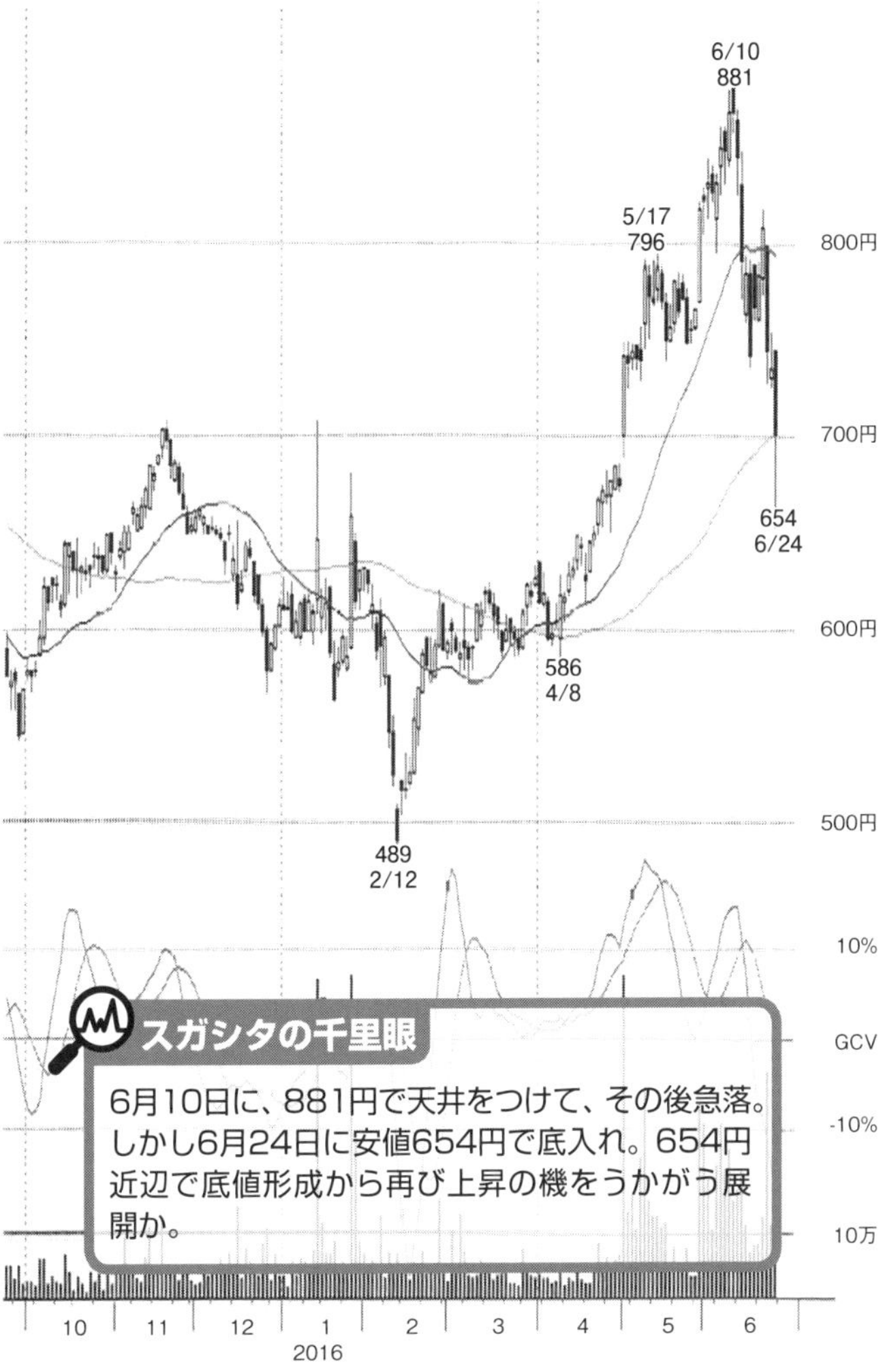

スガシタの千里眼

6月10日に、881円で天井をつけて、その後急落。しかし6月24日に安値654円で底入れ。654円近辺で底値形成から再び上昇の機をうかがう展開か。

投資テーマ❷
観光立国──インバウンド、新内需関連

ベネフィット・ワン

東証2部

証券コード
2412

☆──最高益が続いて連続増配

官公庁や企業の福利厚生業務を代行・運営しています。東京に本社を置き、全国で12支店を展開しています。物販、直営保養所の運営も行っており、パソナグループ傘下の企業です。

福利厚生会員数がメニュー拡充の効果から伸長し、協業先のソフトバンクの顧客取り込みも進んでいます。会員数は2016年4月時点で785万人でしたが、2017年4月には1000万人に到達することを目標としています。

海外の赤字が継続しているものの、ヘルスケアが不採算案件の見直しで好転し、業務効率化も貢献して最高益が続き連続増配しています。

福利厚生は中小企業向け育成に注力し、協業先顧客向けのパーソナル事業としては、携帯通信、金融業界等の開拓に努めています。

ベネフィット・ワン

(2412) 日足チャート

最低購入額：**31万4,000円**
売買単位：**100株**

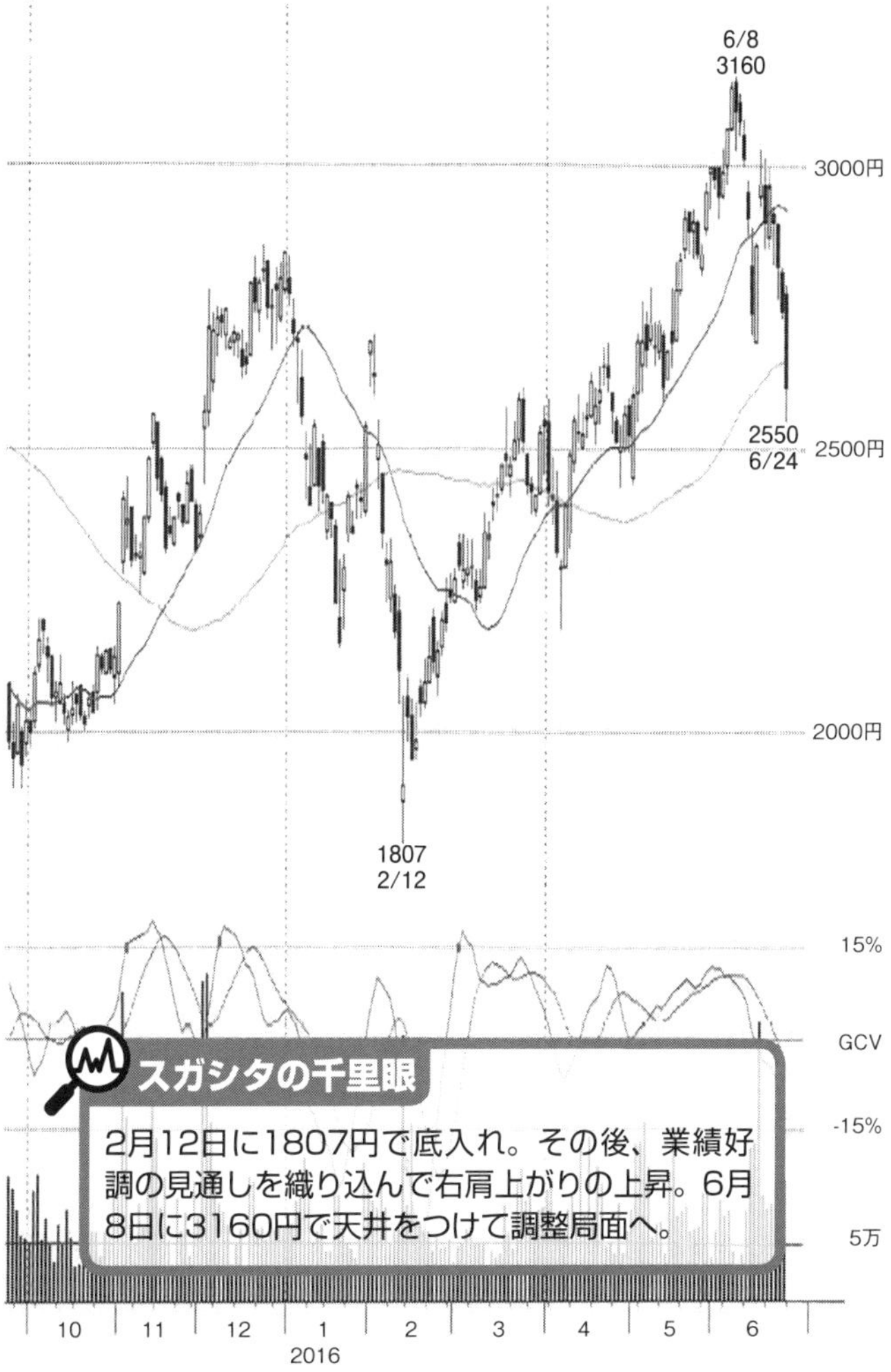

スガシタの千里眼

2月12日に1807円で底入れ。その後、業績好調の見通しを織り込んで右肩上がりの上昇。6月8日に3160円で天井をつけて調整局面へ。

ジェイコムホールディングス

東証1部

証券コード
2462

☆―人材派遣・介護・保育の3事業とも好調

総合人材サービス事業を行うジェイコム、介護施設を運営するサンライズ・ヴィラ、受託保育事業・公的保育事業を行うサクセスホールディングスをグループとした企業です。

総合人材サービス事業は携帯電話販売向け人材派遣が主力で、全国派遣体制が軌道に乗り、主たる営業先はソフトバンクグループです。

介護部門も稼働率が向上して赤字幅が縮小し、保育部門は連結化による特益は一巡したものの、営業益は連続して伸びています。

神奈川県における潜在保育士プロジェクトを受託し、資格保有者でありながら現在仕事に従事していない保育士の掘り起こしを強化しています。また、外国人介護士については法案成立を勘案して対応準備を進めています。

ジェイコムホールディングス

(2462) 日足チャート

最低購入額：**23万3,500**円
売買単位：**100**株

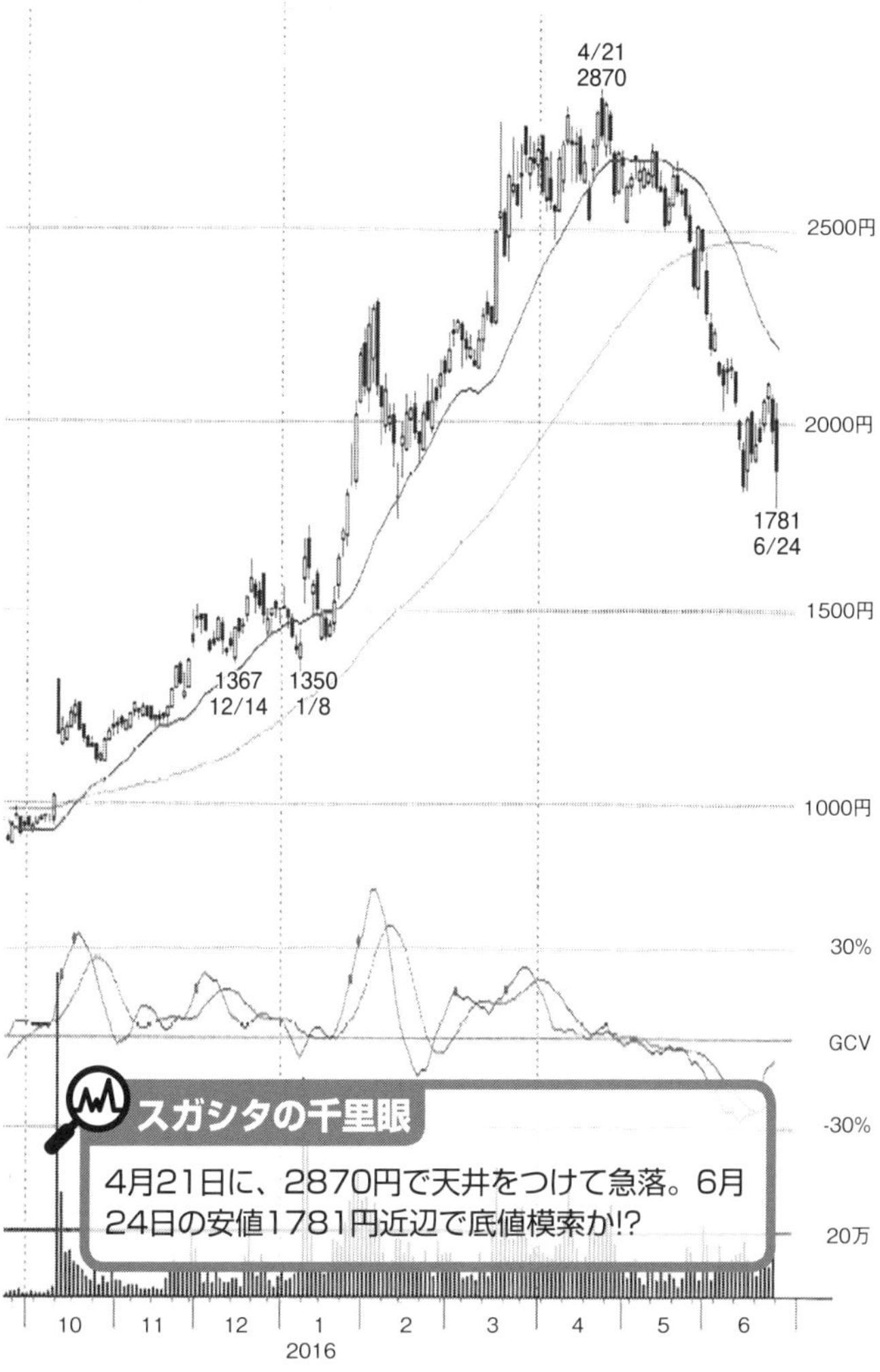

アリアケジャパン

東証1部

証券コード
2815

☆──天然調味料でダントツ、連続最高益更新中

畜産系エキスを原料とした天然調味料でトップの食品メーカーです。いまや食品業界でなくてはならない存在、あるいは食品業界のインテルともいわれ、様々なフィールドで〝価値ある美味しさ〟を提供しています。

抽出から加工まで一貫体制が整っており、米中欧でも生産拠点を展開し、東南アジアへの進出も図っています。

天然調味料は国内の外注需要に伴って外食、加工食品向けなどが拡大し、海外では米国で加工食品向けに続いて外食向けも拡大基調で、中国や台湾でも堅調。円高の逆風をかわして連続最高益を更新しています。

東南アジアにおいては、2017年の夏にインドネシア新工場が稼働する運びで、これで世界8極体制の生産拠点が整うことになります。

アリアケジャパン

(2815) 日足チャート

最低購入額：**62万4,000円**
売買単位：**100株**

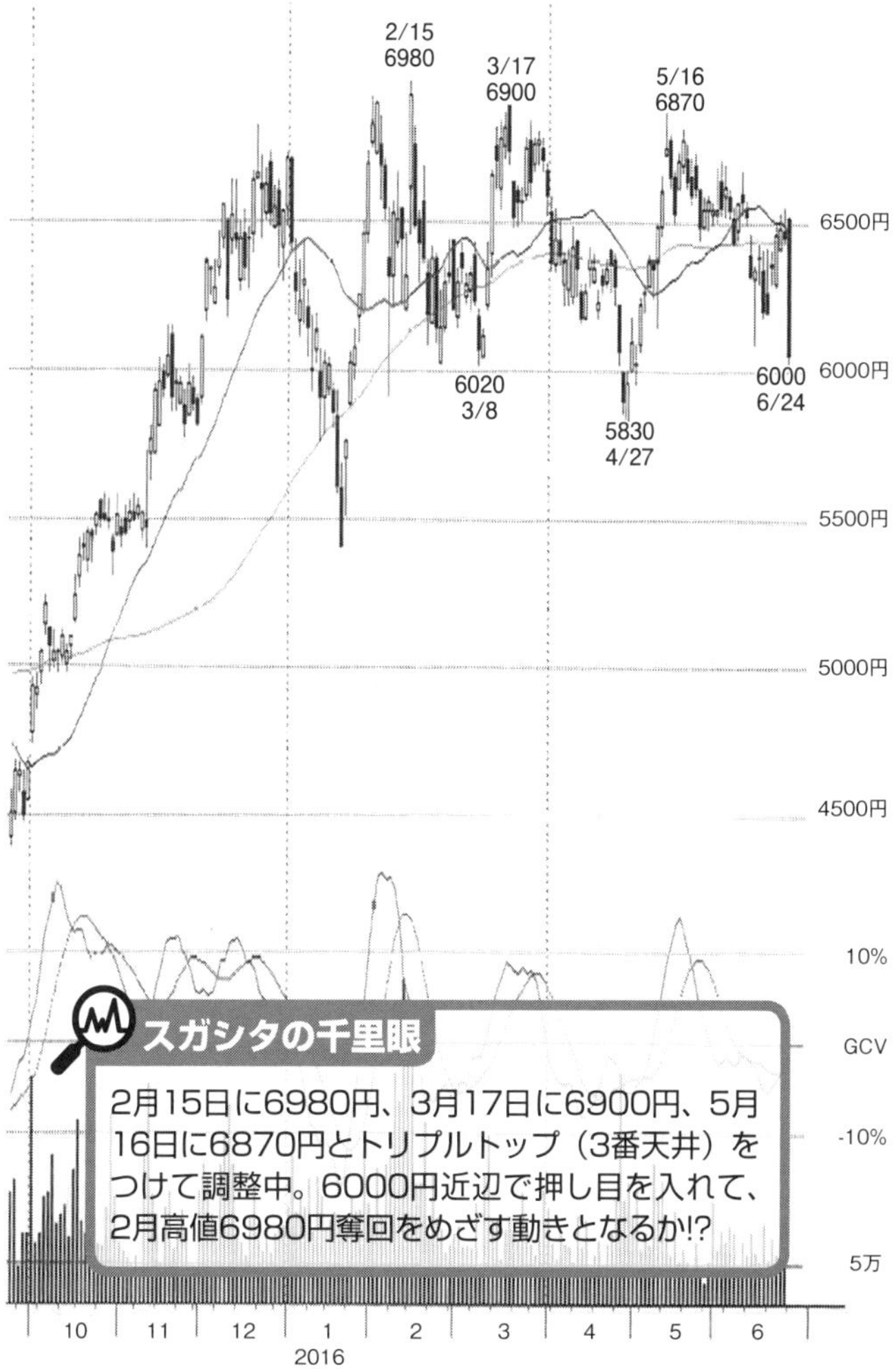

スガシタの千里眼

2月15日に6980円、3月17日に6900円、5月16日に6870円とトリプルトップ（3番天井）をつけて調整中。6000円近辺で押し目を入れて、2月高値6980円奪回をめざす動きとなるか!?

投資テーマ❷
観光立国――インバウンド、新内需関連

ケンコーマヨネーズ

東証1部

証券コード
2915

☆――国内外に販路を拡大し、輸出が5割も増大

マヨネーズは業務用を中心に展開して業界第2位。サラダ、総菜類、卵加工品、ドレッシングも扱っており、給食などへの販路を拡大しています。

マヨネーズとドレッシングは海外市場での開拓が進捗しており、サラダと総菜類は量販店・コンビニ向け小型形態商品の充実で底堅く、卵加工品もコンビニ・外食から量販店に販路を拡大して続伸しています。

ただ、増配したとはいえ、鶏卵などの原料が高止まりし、IT投資等への経費も増えて営業益は横ばいの状態です。

こうしたなか、静岡の富士山工場、御殿場工場に続いて西日本工場（京都府）のドレッシング生産ラインを増強し、本年6月から稼働しています。また、賞味期限延長等が奏功して輸出は5割増大しています。

ケンコーマヨネーズ

(2915) 日足チャート

最低購入額：**29万9,700**円
売買単位：**100**株

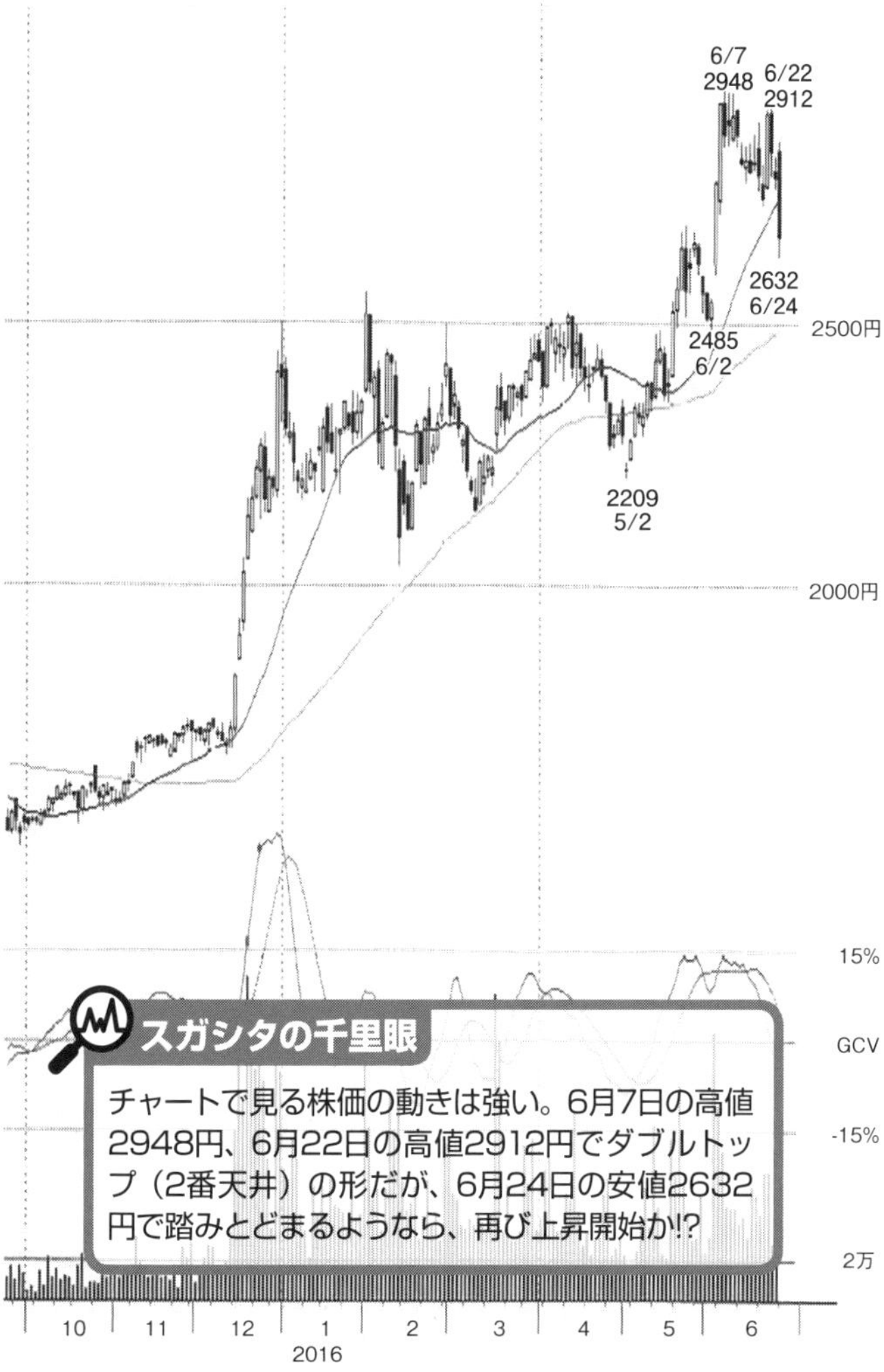

スガシタの千里眼

チャートで見る株価の動きは強い。6月7日の高値2948円、6月22日の高値2912円でダブルトップ（2番天井）の形だが、6月24日の安値2632円で踏みとどまるようなら、再び上昇開始か!?

投資テーマ❷
観光立国——インバウンド、新内需関連

アドベンチャー

マザーズ

証券コード
6030

☆——格安航空券が続伸、インバウンド向け民泊参入も視野に

航空券の比較予約サイト「スカイチケット」とオプショナルツアーのサイトを運営し、世界最大の予約プラットホームの提供を目指しています。

「スカイチケット」は現在、全64社のLCC（ローコストキャリア）の航空券検索が可能で、18言語対応の国内・海外航空券を提供しています。

リピート率上昇などもあって利用件数が順調に増大し、つれて手数料収入も増え、インバウンド（訪日外国人）向け予約ツアーサイトも寄与しているうえ、スマホアプリ生活関連も拡大しており、営業益が続伸しています。

エース損害保険と業務提携し、旅行保険の取り扱いを開始するとともに、インバウンド増大によるホテル不足を見据えて民泊参入を視野に、賃貸物件会社のアンビションとの業務提携を検討中です。

アドベンチャー

(6030) 日足チャート

最低購入額：**71万9,000円**
売買単位：**100株**

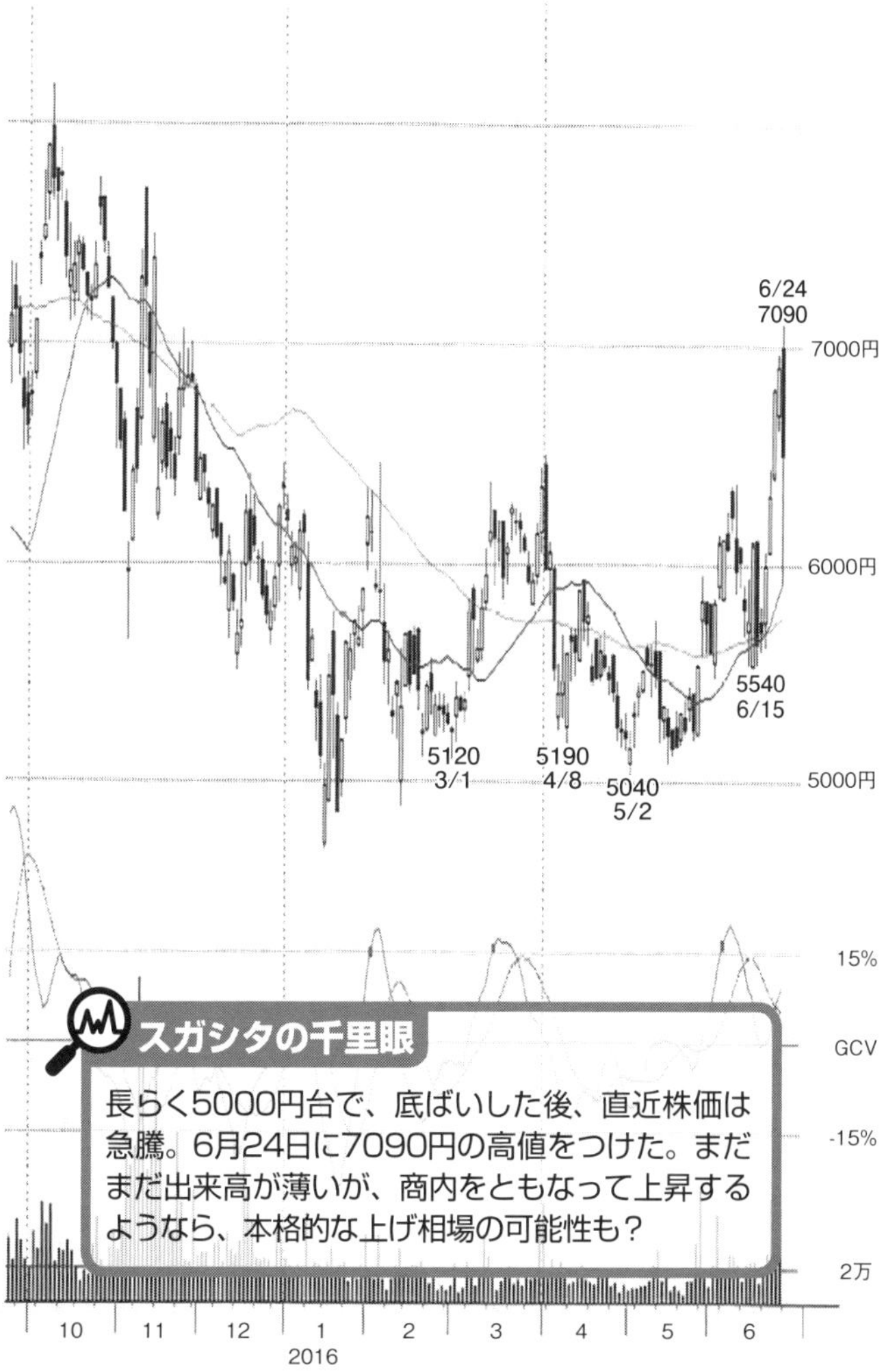

スガシタの千里眼

長らく5000円台で、底ばいした後、直近株価は急騰。6月24日に7090円の高値をつけた。まだまだ出来高が薄いが、商内をともなって上昇するようなら、本格的な上げ相場の可能性も？

インターワークス

東証1部

証券コード
6032

☆―7期連続で最高益を更新

日本最大級の製造業求人情報サイト「工場ワークス」をはじめ、特定業種や職種に特化した求人サイトを運営しているほか、有料職業紹介や新卒・中途採用支援事業も展開しています。

主力の求人サイトの利用は、人手不足を背景に企業からの需要が旺盛で、1社当たりの掲載件数が増大して顧客単価が順調に伸びています。人材紹介は成約単価が上がり、採用支援も好調に推移していることから今期の経常利益は24%増で、7期連続して最高益を更新する見通しです。

今後も既存領域においてセグメント、限定した求人媒体などのニッチ展開を図り、新事業を開発する方針で、旺盛な求人需要を背景として2019年3月期までに営業利益25%超を目標としています。

インターワークス

(6032) 日足チャート

最低購入額：**12万8,700**円
売買単位：**100**株

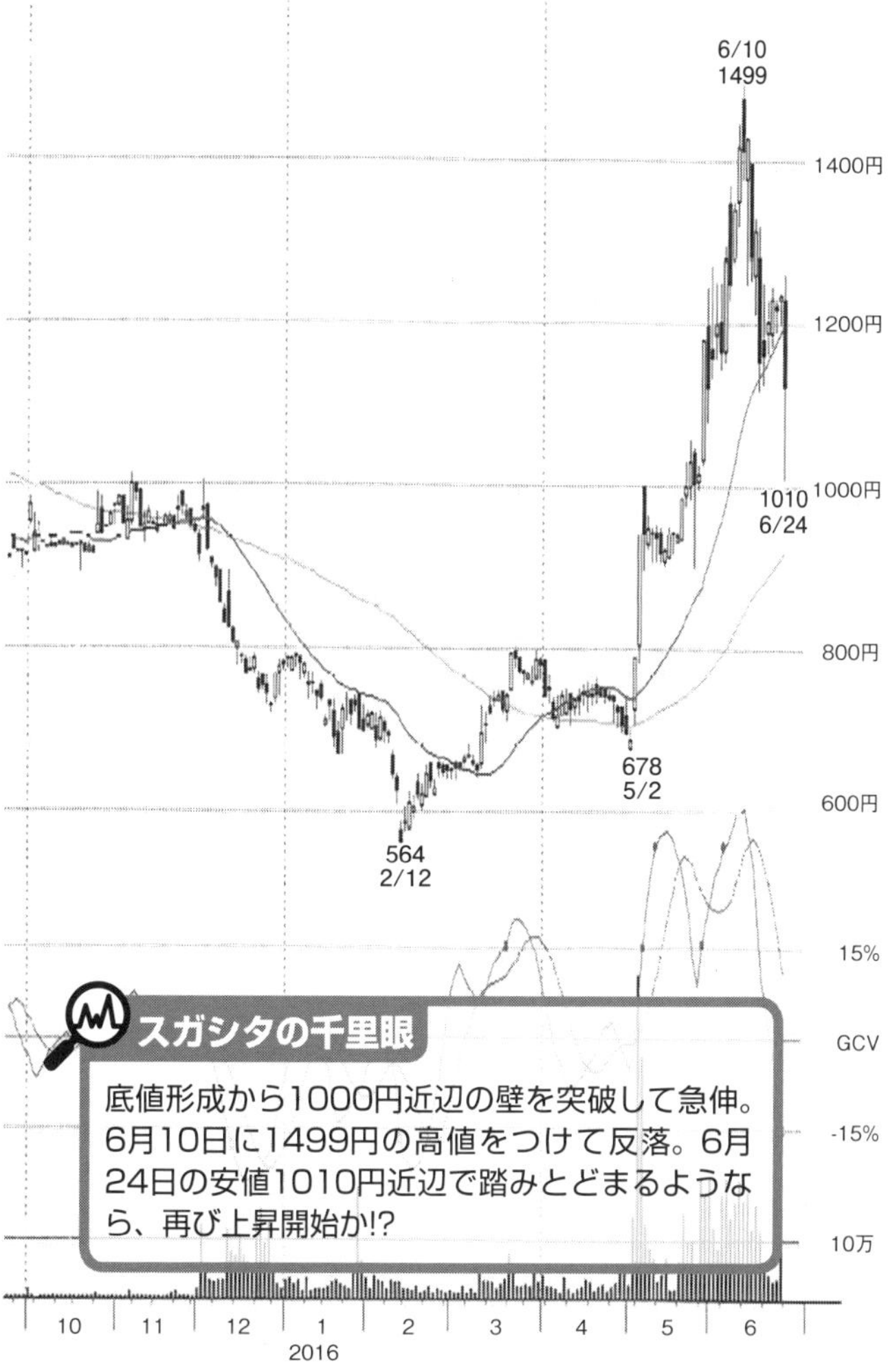

スガシタの千里眼

底値形成から1000円近辺の壁を突破して急伸。6月10日に1499円の高値をつけて反落。6月24日の安値1010円近辺で踏みとどまるようなら、再び上昇開始か!?

投資テーマ❷
観光立国──インバウンド、新内需関連

ベクトル

東証1部

証券コード
6058

☆──ネット広告市場拡大を追い風に絶好調

SNS（ソーシャル・ネットワーキング・サービス）などネット上の媒体を得意とするPR企業で、ニュースリリース配信も手掛けています。

海外では上海、香港、台湾など、アジア地域に8営業所を置き、商品PRに特化したサービス事業を展開し、その規模は独立系では最大といわれています。

主力のPR事業は、得意分野のネット広告市場の拡大に伴って動画コンテンツ強化策が奏功し、プロジェクト数を積み上げています。また、ニュースリリース配信もクライアント数が右肩上がりで伸長。両分野とも営業員増大でさらに強化が図られており、人件費を軽く吸収し、連続して最高純益を記録、増配傾向にあります。

昨夏始動の企業PR、発表会向けの動画配信サービスは、今期8倍の1500件獲得を目標にしており、出足は上々、内製化で粗利が向上しているといいます。

ベクトル

(6058) 日足チャート

最低購入額：**30万2,000円**
売買単位：**100株**

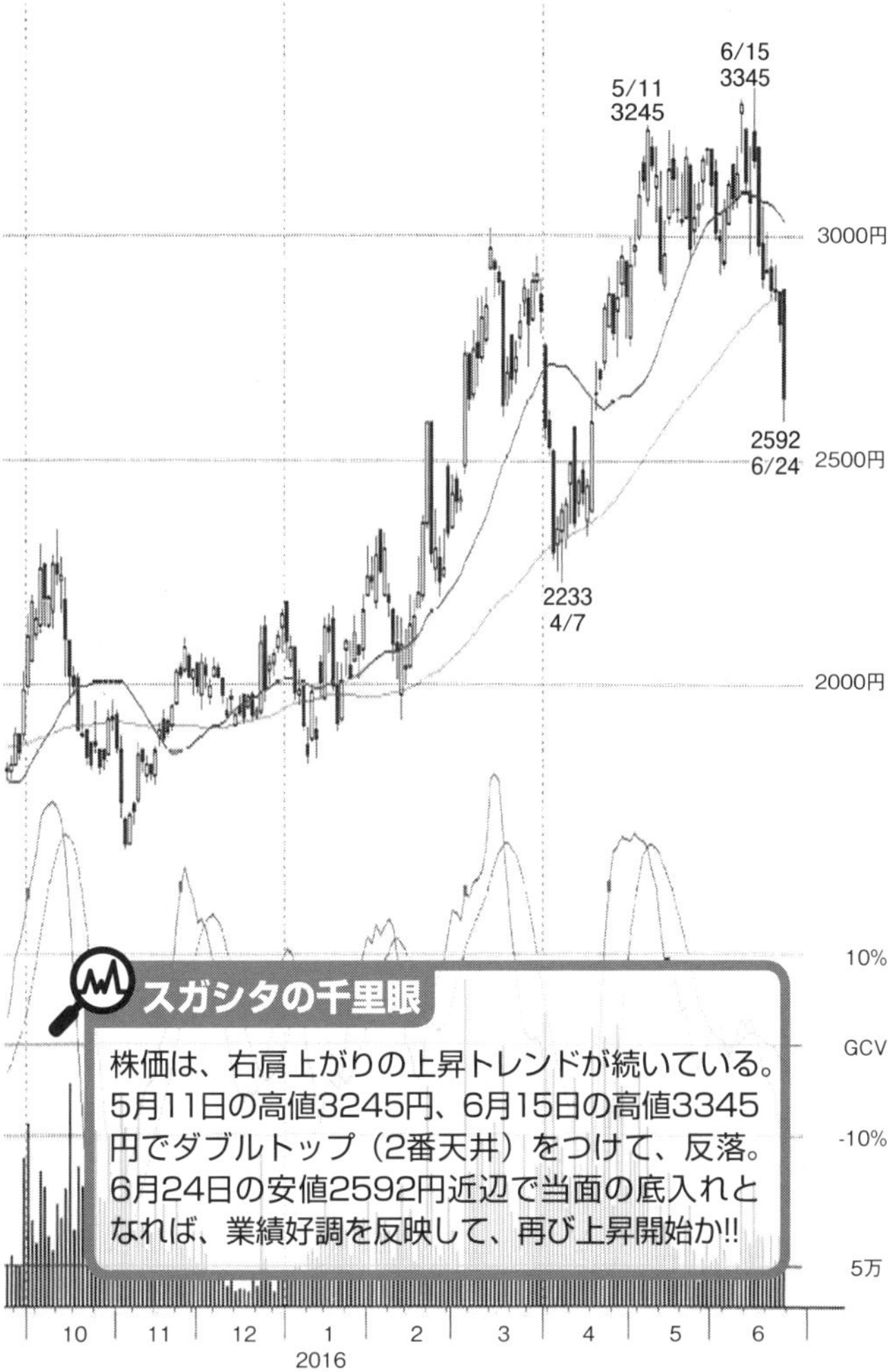

スガシタの千里眼

株価は、右肩上がりの上昇トレンドが続いている。5月11日の高値3245円、6月15日の高値3345円でダブルトップ（2番天井）をつけて、反落。6月24日の安値2592円近辺で当面の底入れとなれば、業績好調を反映して、再び上昇開始か!!

投資テーマ❷
観光立国――インバウンド、新内需関連

エボラブルアジア

マザーズ

証券コード
6191

☆――オリンピックイヤーに取扱高5倍を目指す

航空券の予約サイト「空旅」の運営を主力にしています。他社OEMも手掛けており、ベトナムではITオフショア開発を展開しています。

主力の予約サイトは今期前半の取扱高が4割増となり、通期も快走中。IT開発も堅調で、規模拡大による粗利率改善の効果も大きく、営業利益が倍増しています。

直近の夏場の繁忙期を慎重視しつつも、2017年9月期も予約サイト拡大が収益を牽引するとみています。

調達資金12・4億円をWeb広告やシステム投資に充当しており、成長優先で当面無配としているものの、優待を検討している模様です。

取扱高は2015年9月期約200億円でしたが、東京オリンピックが開催される2020年には1000億円を目標としています。

エボラブルアジア

(6191) 日足チャート

最低購入額：**62万5,000**円
売買単位：**100**株

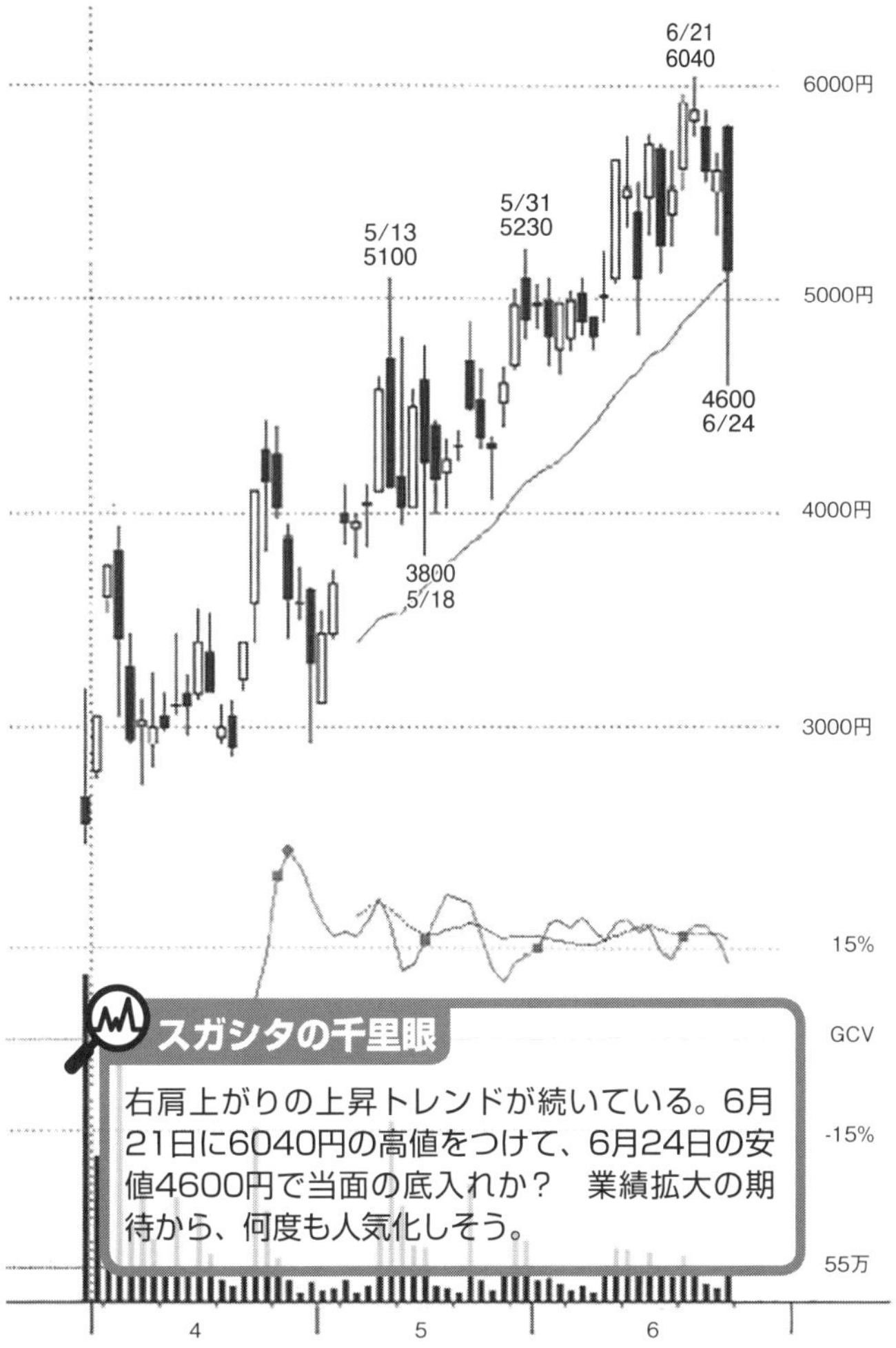

スガシタの千里眼

右肩上がりの上昇トレンドが続いている。6月21日に6040円の高値をつけて、6月24日の安値4600円で当面の底入れか？　業績拡大の期待から、何度も人気化しそう。

投資テーマ❷
観光立国—インバウンド、新内需関連

ストライク

マザーズ

証券コード
6196

☆—ネット上にM&A市場を創出した新規上場銘柄

1997年の設立で、東京都千代田区に本社を置き、2016年6月21日に新規上場されたばかりの企業です。M&Aの仲介およびアドバイザリー業務に加えて、デューデリジェンス業務、企業評価業務などの付帯業務も手掛けています。

本社以外に札幌、仙台、名古屋、大阪、高松、福岡に6営業所を展開し、1999年に国内初のインターネット上でのマッチングサイト「M&A市場SMART」を開設。譲渡希望先の意向どおりに匿名性を確保しつつ案件を掲載し、迅速なマッチングを図っています。

新規受託による着手金と成約報酬を収益源とし、2015年8月決算では売上高・経常利益ともに急伸し、2016年8月期は新規受託と成約件数が着実に増大して営業増益となっています。

ストライク

最低購入額：72万5,000円
売買単位：100株

(6196) 日足チャート

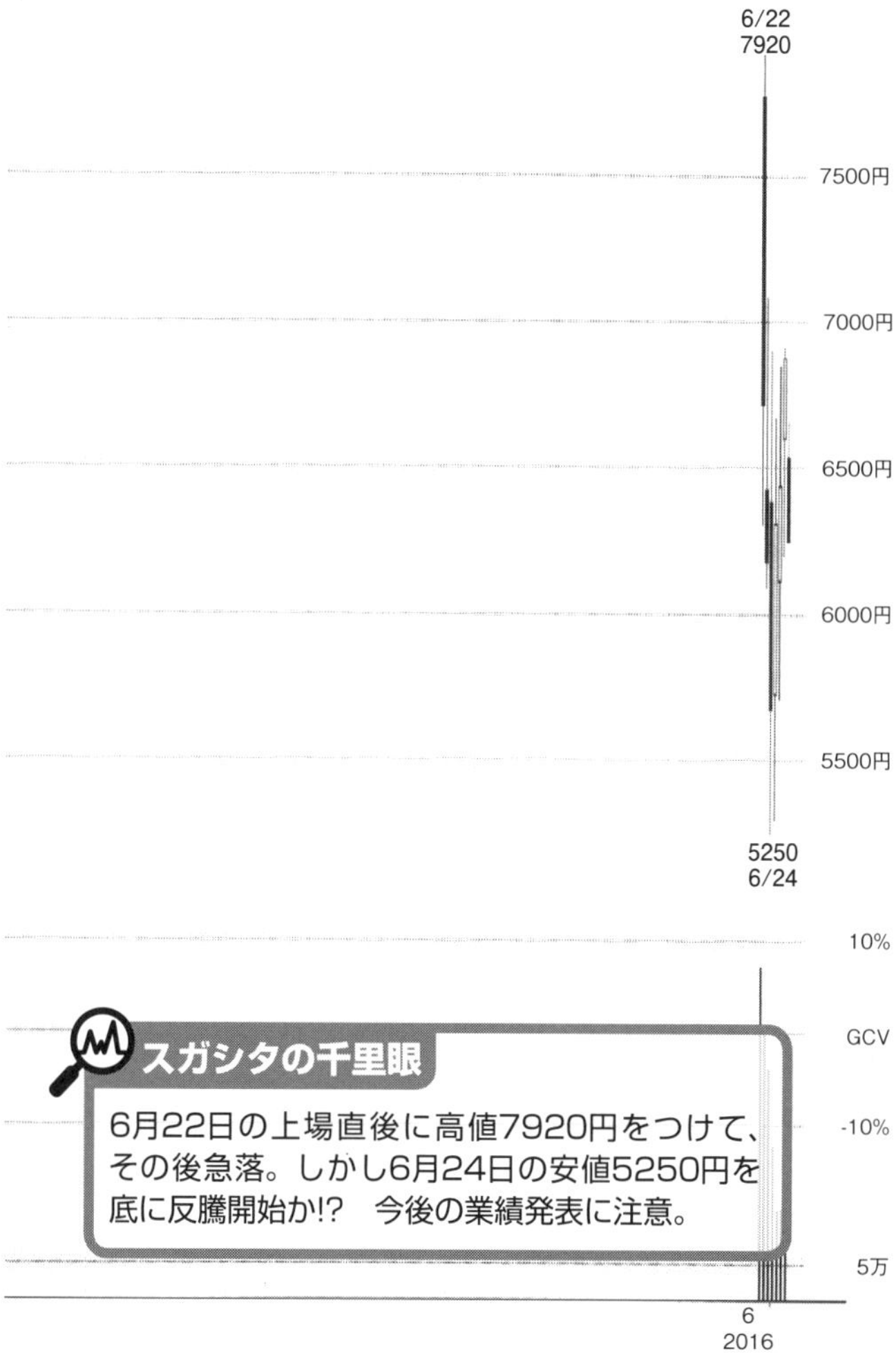

スガシタの千里眼

6月22日の上場直後に高値7920円をつけて、その後急落。しかし6月24日の安値5250円を底に反騰開始か!?　今後の業績発表に注意。

投資テーマ❷
観光立国——インバウンド、新内需関連

キャリア

マザーズ

証券コード
6198

☆——高齢化社会型人材サービスを展開する新規公開銘柄

設立は2009年4月で、2016年6月27日に上場されたばかりの企業です。

高齢化社会型人材サービスを展開し、シニア人材派遣を行うシニアワーク事業と介護施設向けに看護師や介護士を派遣するシニアケア事業を二本柱にしています。

ビルメンテ、ベッドメイキング、オフィスワークなどで実績を積み上げ、2010年からオフィス向けシニア人材派遣を開始。2014年から介護施設向け介護士の派遣もスタートし、医療業界に特化した看護師専用求人サイト「看護のしるし」も強化しています。

2016年9月期はシニア人材派遣が着実に増大し、シニアケアも既存店が好調なことに加えて新店効果もあって、出店費用や広告費の増加、人材関連費用をこなし営業益が続伸しています。

キャリア

(6198) 日足チャート

最低購入額：**63万4,000**円
売買単位：**100**株

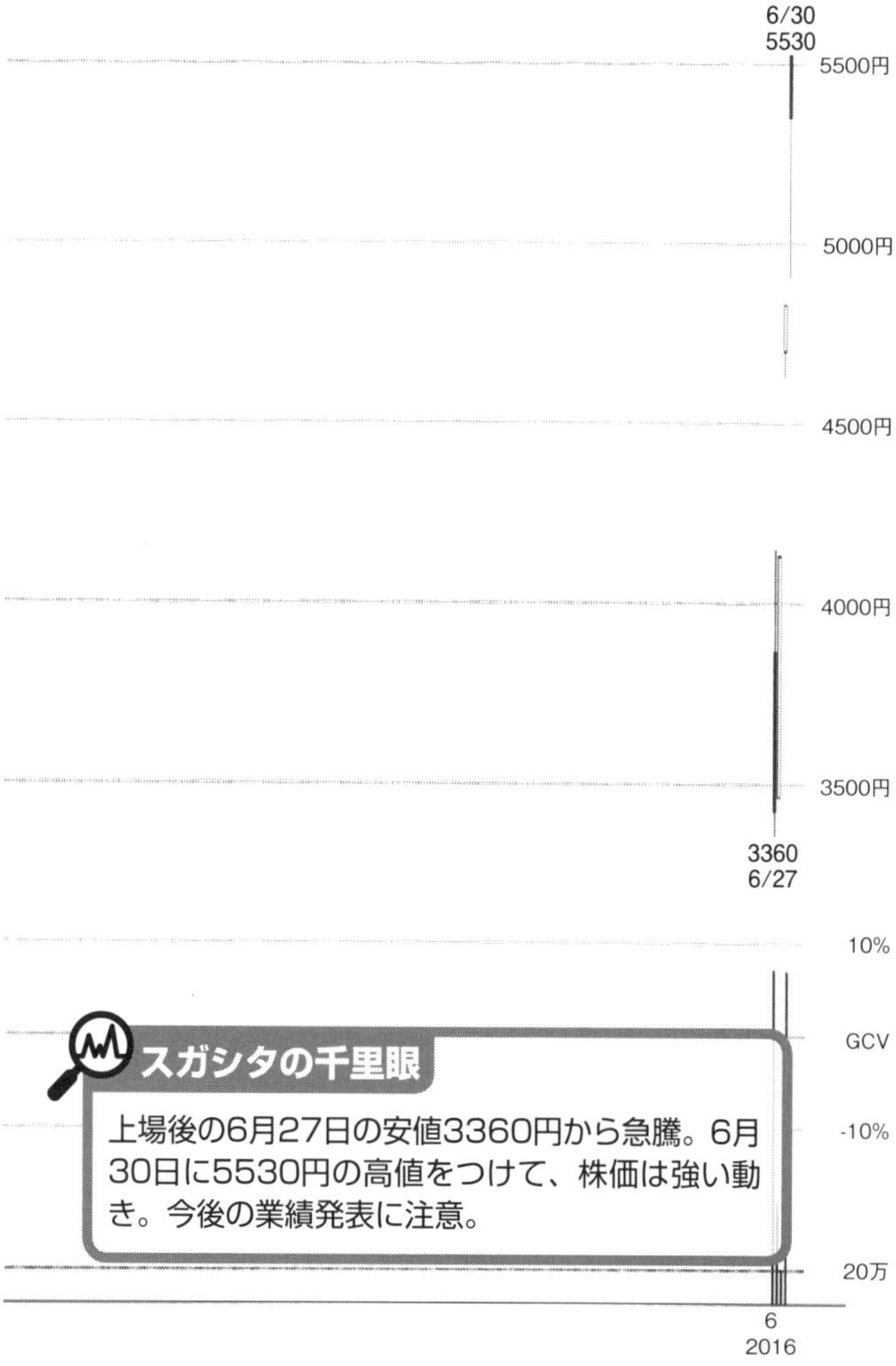

スガシタの千里眼

上場後の6月27日の安値3360円から急騰。6月30日に5530円の高値をつけて、株価は強い動き。今後の業績発表に注意。

投資テーマ❷
観光立国—インバウンド、新内需関連

スノーピーク

東証1部

証券コード
7816

☆—アウトドア派の増大で営業益幅が拡大

アウトドア用品やアパレルの製造・販売を手掛けている企業で、新潟県三条市に本社を構え、東京、大阪、アメリカ、台湾に営業所を持ち、全国14、海外7の直営店を展開しています。

高級品に強みがあり、小売強化中で、主力のアウトドア用品は初心者向けテントや新商品が予想以上に売上を伸ばし、アパレル商品も店舗網拡大で伸長しています。

また、今期当初から実施している既存商品の値上げも利益押し上げの効果があって、営業益の幅が拡大しています。

アパレルを主体とした小型直営店は、新宿、銀座などの駅近くの商業施設での出店を強化し、顧客との接点を増やしており、ポイントカード会員数が順調に増加しています。

スノーピーク

（7816）日足チャート

最低購入額：**45万2,500**円
売買単位：**100**株

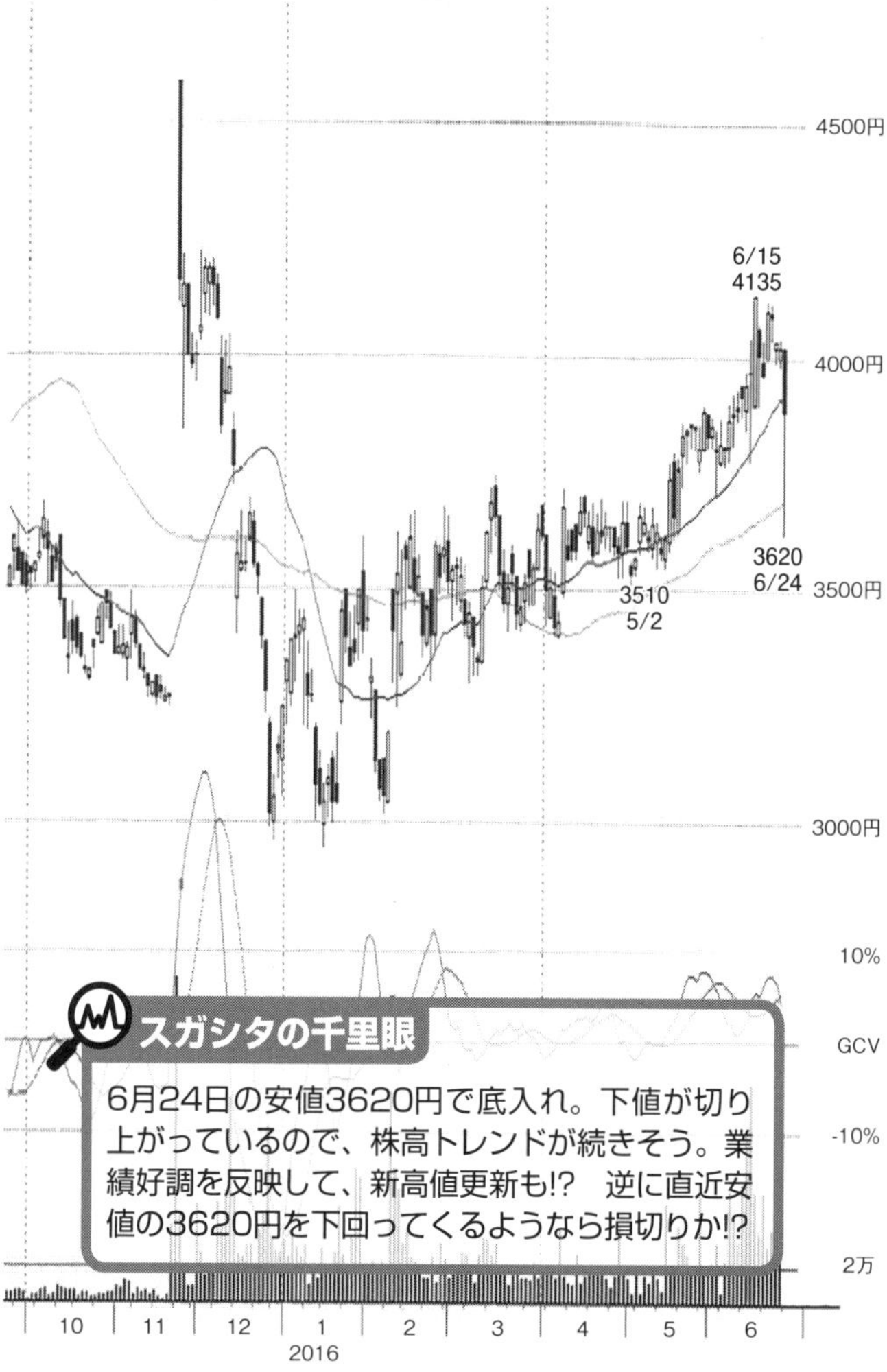

スガシタの千里眼

6月24日の安値3620円で底入れ。下値が切り上がっているので、株高トレンドが続きそう。業績好調を反映して、新高値更新も!?　逆に直近安値の3620円を下回ってくるようなら損切りか!?

投資テーマ❸
住宅・不動産の再生、流通革命

いちごグループ

東証1部

証券コード
2337

☆―最高純益を更新する不動産流動化の先駆者

不動産流動化の先駆者といわれ、社名は「一期一会」に由来。本年9月に「いちご」に社名変更する予定です。

2011年8月にJ-REIT（FCレジデンシャル投資）運用会社のファンドクリエーション不動産投信株式会社を完全子会社化。J-REITの運用をはじめとした総合不動産サービス事業、メガソーラー等のクリーンエネルギー事業を展開しています。

稼ぎ頭の不動産再生事業はオフィスビルやホテルのJ-REITへの売却が大きく貢献し、上場を見込むインフラファンドへの太陽光発電の売却効果もあって、収益を押し上げ、税負担増となっても連続して最高純益を更新しています。

また、さらなる再生事業として、テナント賃貸仲介専門チームを新設し、収益拡大を目指しています。

いちごグループ

(2337) 日足チャート

最低購入額：**4万1,500**円
売買単位：**100**株

スガシタの千里眼

4月20日に、530円で天井。その後下落トレンドが続いています。6月24日の安値357円近辺で底入れするか？　底値模索の局面。

投資テーマ❸
住宅・不動産の再生、流通革命

イントランス

マザーズ

証券コード
3237

☆——中核事業に加えて高機能ハーブの研究開発に期待

中古ビル再生事業が主力で、建物管理や賃貸料回収も手掛けているほか、賃貸・販売仲介事業にも参入しています。

中核事業の不動産再生は、前期からずれ込んだ2件の共同出資プロジェクトが寄与し、自社保有の横浜中華街、河口湖、伊豆熱川における土地売却も進んだことから、営業益が上向いて増配傾向にあります。また、首都圏郊外の駅前立地や地方都市の再開発案件に照準を合わせ、事業展開していく方針です。

一方、新規事業として、傘下の大多喜ハーブガーデンと順天堂大学大学院の提携で、高機能ハーブの研究開発を推進し、本年6月、総合商社・双日株式会社の子会社「マイベジタブル」とハーブ・野菜類の相互供給等を目的とした業務提携を締結している点が注目されます。

イントランス

(3237) 日足チャート

最低購入額：**1万7,700円**
売買単位：**100株**

スガシタの千里眼

6月24日の安値149円近辺で底入れするか？2月12日の安値160円を下回っているので、やや弱い動き。しかし今の株価は底値圏近し、中・長期的には、押し目買いチャンスか？

投資テーマ❸
住宅・不動産の再生、流通革命

セントラル総合

東証2部

証券コード
3238

☆―マンションの竣工・販売増で営業益増大

マンションを主体とした不動産の販売・賃貸・管理を行っています。ファミリー向け分譲マンション「クレア」シリーズを展開し、全国で6棟のオフィスビル賃貸事業も手掛けています。

マンションは12物件（前期10物件）が竣工しており、引き渡し戸数は550戸（前期515戸）と想定しています。

その数量増に加えて、首都圏の物件が前期2件から5件に増え、平均販売価格も上昇。成約促進を狙って9物件が販売着手済みで、建築費の上昇が一服したことと、税効果が一巡したこともあって営業益が増大しています。

2017年度は、13件の竣工物件が仕入れ済みになっており、首都圏3件、地方10件で引き渡し戸数は570戸と想定しています。

セントラル総合

(3238) 日足チャート

最低購入額：**2万8,000**円
売買単位：**100**株

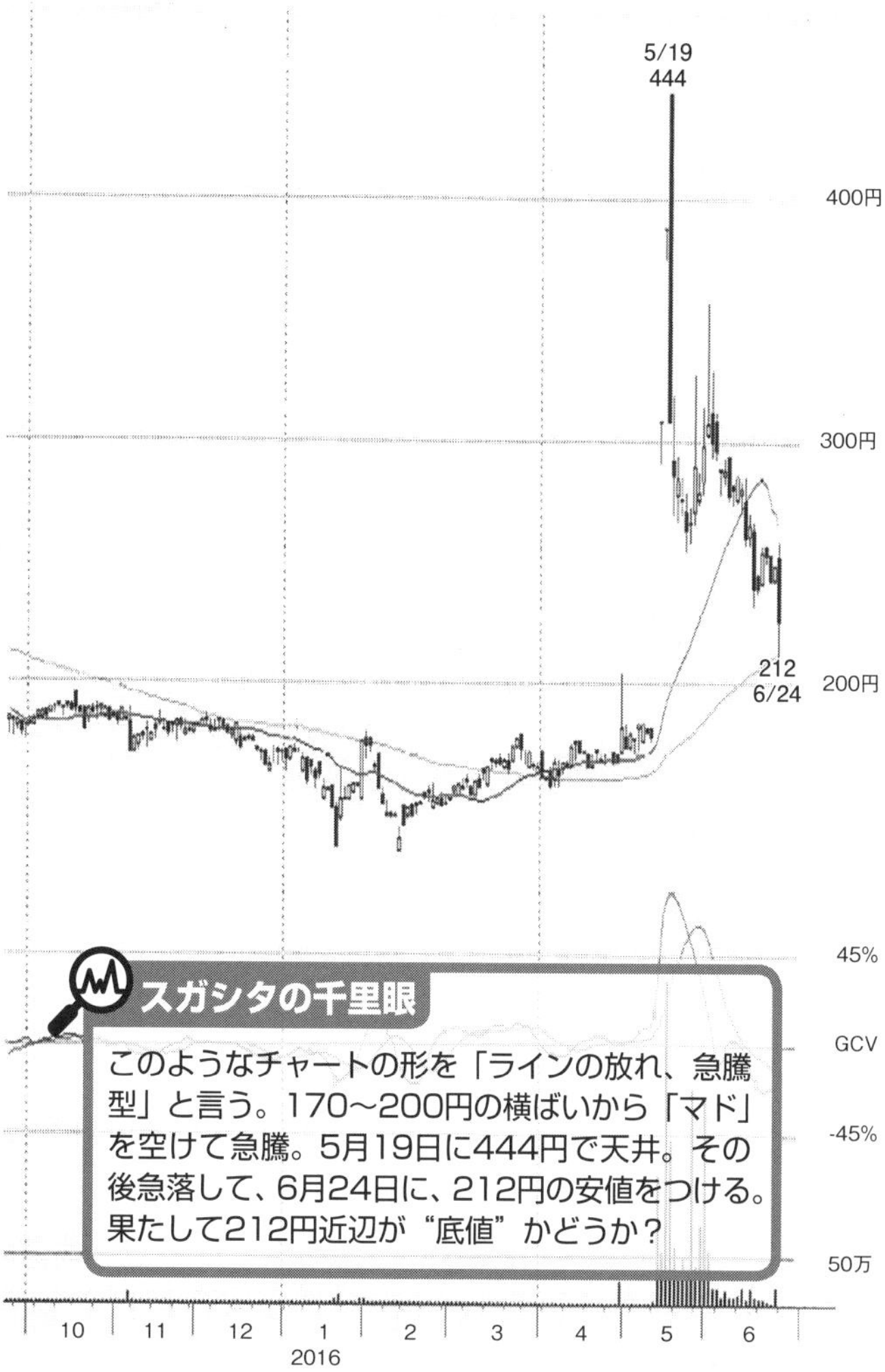

スガシタの千里眼

このようなチャートの形を「ラインの放れ、急騰型」と言う。170〜200円の横ばいから「マド」を空けて急騰。5月19日に444円で天井。その後急落して、6月24日に、212円の安値をつける。果たして212円近辺が“底値”かどうか？

投資テーマ❸
住宅・不動産の再生、流通革命

AMBITION《アンビション》

マザーズ

証券コード
3300

☆―最高純益連続更新と民泊事業認定で注目される

東京23区を中心に借り上げた居住用不動産を転貸するサブリースが主力で、不動産の売買も行っています。初期費用（敷金・礼金）ゼロの「スーパーゼロプラン」が特徴的で、賃貸仲介事業「ルームピア」での60％を超える成約率も注目されます。

主力の不動産転貸および賃貸管理は賃料が順調に伸び、中古不動産の売買も増大しています。仲介業は今期初買収のＶＡＬＯＲ分が上乗せされ、２０１７年6月期も居住用不動産の転貸が管理物件増加によって伸長。売買・仲介ともに堅調で、高水準の広告宣伝費をこなして最高純益を連続更新していきます。

本年4月25日、大田区池上の管理物件『セジョリ池上』が特区民泊事業の認定を受けることになり、今後もこの分野の事業拡大を積極的に図る一方、自社所有の賃貸物件も拡充する方針で、中長期で配当性向30％を目標にしています。

AMBITION

(3300) 日足チャート

最低購入額：**12万4,600円**
売買単位：**100株**

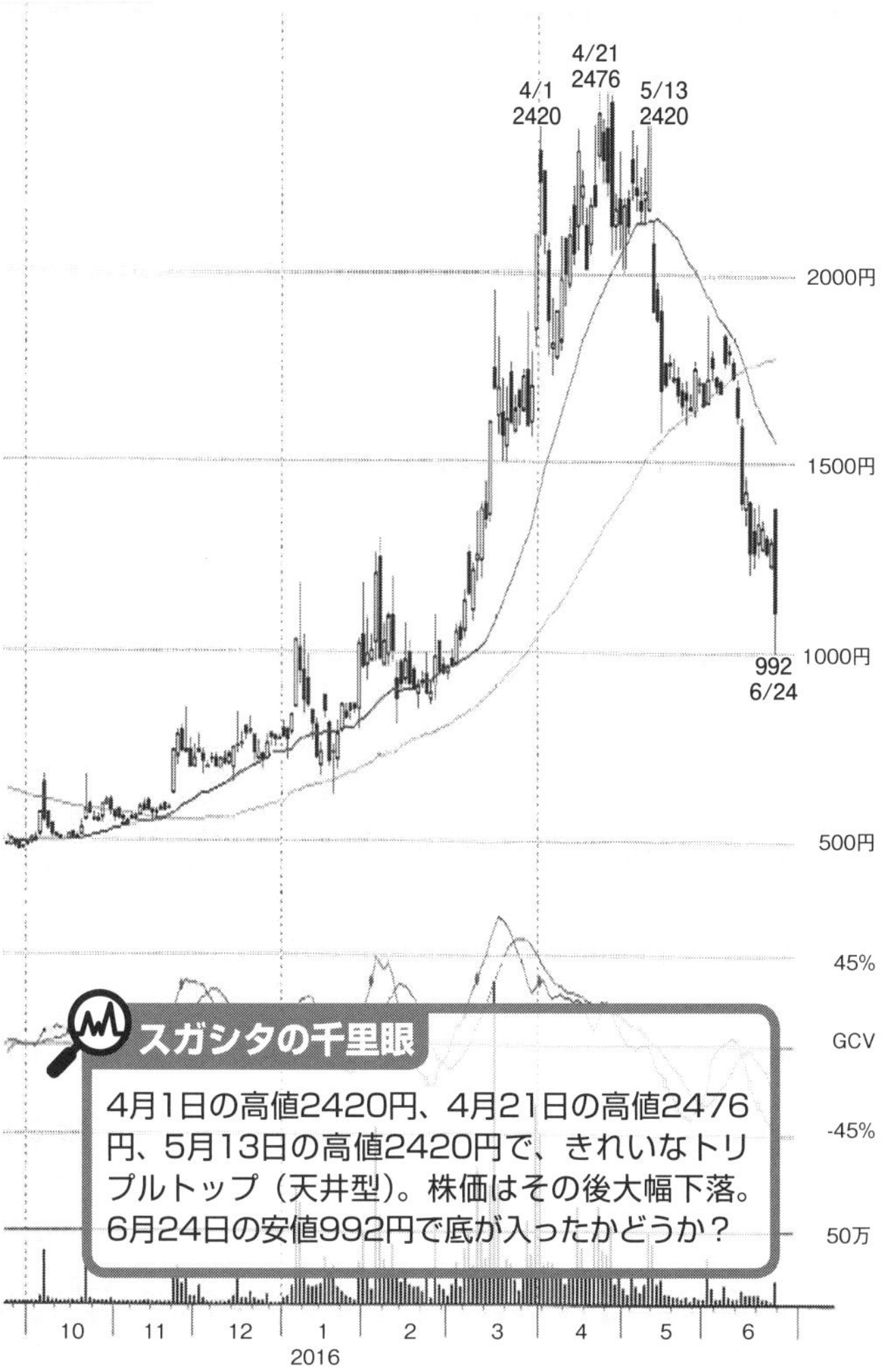

スガシタの千里眼

4月1日の高値2420円、4月21日の高値2476円、5月13日の高値2420円で、きれいなトリプルトップ（天井型）。株価はその後大幅下落。6月24日の安値992円で底が入ったかどうか？

投資テーマ❸
住宅・不動産の再生、流通革命

ハウスドゥ

マザーズ

証券コード
3457

☆――不動産売買仲介専門フランチャイズで国内第1位

2009年に不動産仲介で創業し、2015年に上場しています。加盟店にノウハウを提供するフランチャイズ事業を中核としており、不動産売買仲介専門フランチャイズでは国内第1位です。

首都圏を中心に事業展開しているフランチャイズ事業は、加盟店増で好調を持続。買い取り不動産の賃貸事業も着実に増大して営業益が倍増しています。

また、2017年6月期は中核のフランチャイズ事業が大都市圏での加盟店増で寄与し、賃貸事業や売買事業も堅調で、連続最高益の見込みです。

さらには、福利厚生代行のベネフィット・ワンと提携し、会員サービス提供で集客強化を図る一方、京都で中古町家を取得・借り上げて「京町離宮」のブランドで旅館業に参入する計画が進められています。

ハウスドゥ

(3457) 日足チャート

最低購入額：**18万7,900円**
売買単位：**100株**

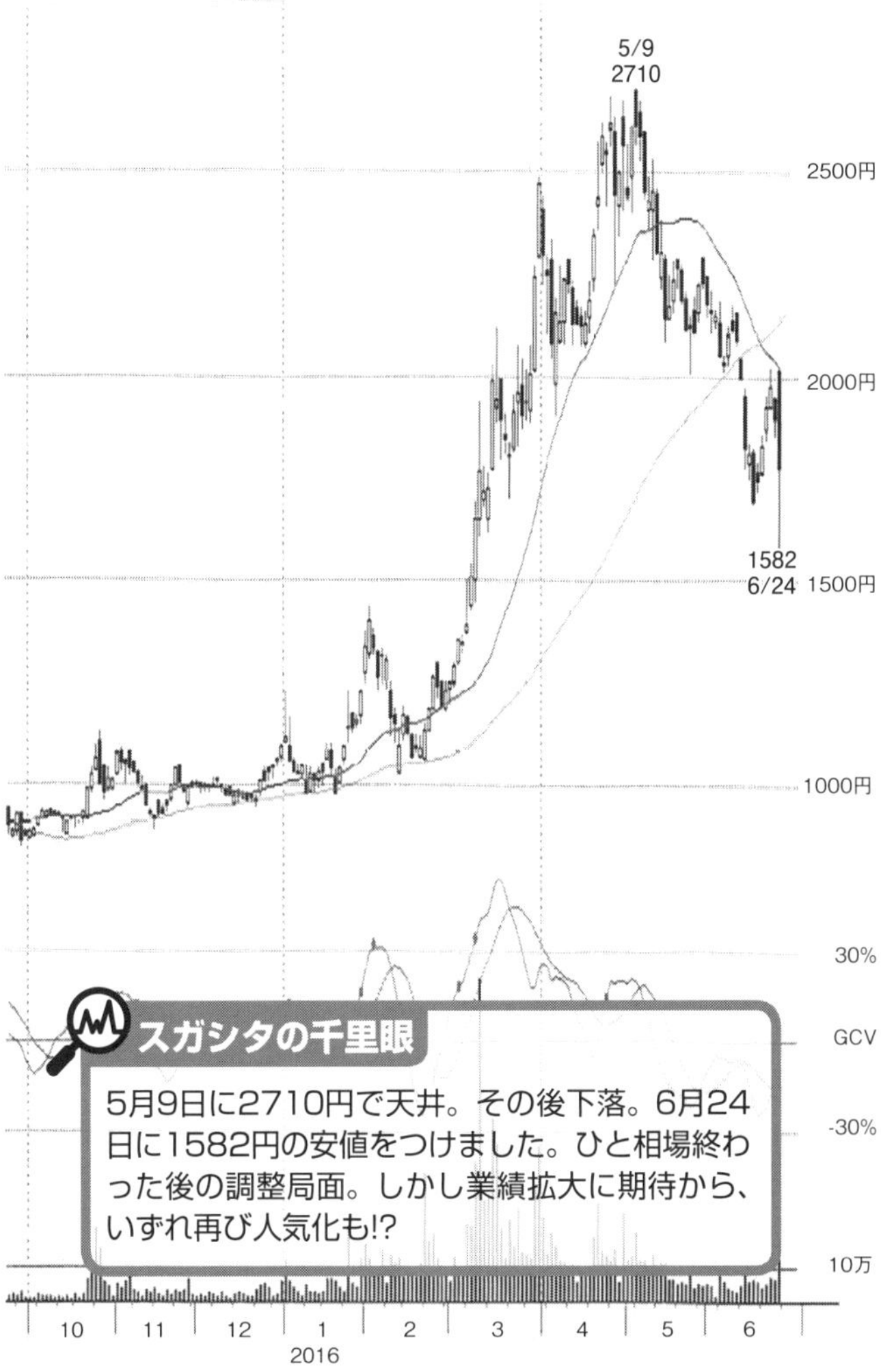

スガシタの千里眼

5月9日に2710円で天井。その後下落。6月24日に1582円の安値をつけました。ひと相場終わった後の調整局面。しかし業績拡大に期待から、いずれ再び人気化も!?

投資テーマ❸
住宅・不動産の再生、流通革命

ケイアイスター不動産

東証２部

証券コード
3465

☆――北関東を地盤に分譲・注文住宅の販売戸数を伸ばす

埼玉県本庄市に本社を構え、東京、埼玉、栃木、群馬、茨城にハウジングセンターを置き、北関東を地盤としている住宅・不動産事業者です。

分譲住宅が主力で、規格型注文住宅のフランチャイズ事業に加え、中古住宅・マンションの販売も展開しており、本年4月にフランチャイズ第1号となった、福岡の住宅会社に50％強を出資して連結子会社化しています。

主力の分譲住宅の販売数は前年比14％増の１２８０戸、規格型注文住宅の販売数も同じく前年比14％増の３５０戸に上り、これに子会社の住宅・土地販売数３５０戸がプラスされ、利益率が低かった業者間請負からの撤退も奏功して、営業益が続伸しています。現在、埼玉県川越市において同社で過去最多となる、東京で人気を博した「北欧ハウスシリーズ」の98戸を開発分譲中。

ケイアイスター不動産

(3465) 日足チャート

最低購入額：24万4,300円
売買単位：100株

スガシタの千里眼

上場後、長期上昇トレンドが続いていたが、6月8日に、2990円で天井。その後6月24日に2128円の安値をつける。この2128円近辺で当面の底が入ったかどうか？

投資テーマ❸
住宅・不動産の再生、流通革命

レオパレス21

東証1部

証券コード
8848

☆──コア事業にシフトして中期経営計画を推進中

単身者向けアパートの賃貸・建築請負事業、リゾート事業、シルバー事業を手掛けており、現在はコア事業の賃貸事業に主軸を置いています。

賃貸事業は、法人の住宅需要が旺盛で高稼働が続き、管理戸数は7000に純増。建築請負事業もアパート以外の用途の提案で拡大しており、総じて、シルバー事業の先行投資をこなして営業益が増大しています。

2016年7月に旭川と岡山のホテルの売却を決定、海外でもグァムのホテルを売却する一方、法人の利用を見込んでミャンマー、ベトナム、カンボジアなど東南アジアで、住居・事務所・店舗などの斡旋（仲介）業を展開しています。

現在、2015年3月期〜2017年3月期の中期経営計画を推進中で、コア事業を基軸とした業績向上により、3年間で営業利益プラス65・4％を目指しています。

レオパレス21

(8848) 日足チャート

最低購入額：**7万1,300**円
売買単位：**100**株

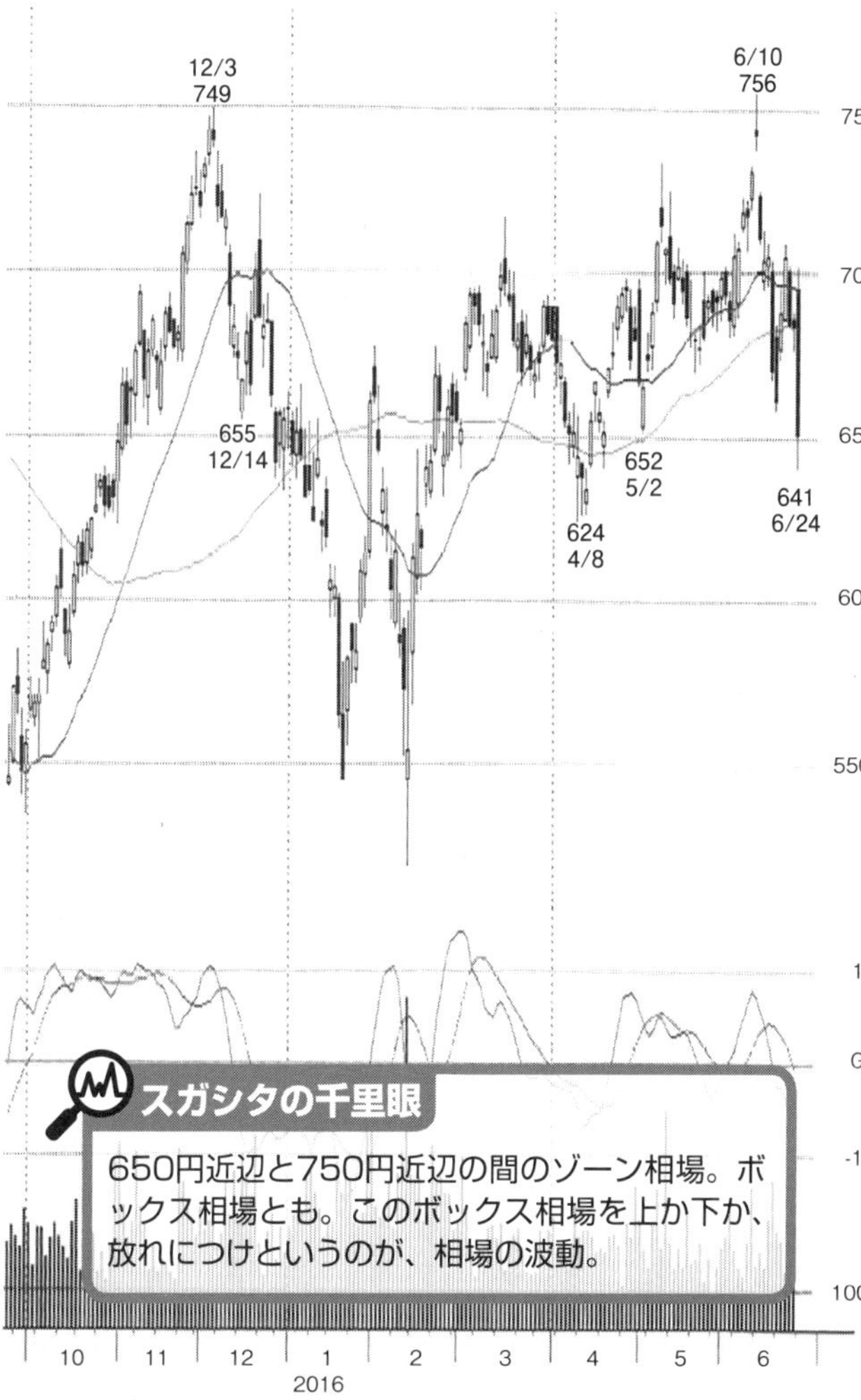

スガシタの千里眼

650円近辺と750円近辺の間のゾーン相場。ボックス相場とも。このボックス相場を上か下か、放れにつけというのが、相場の波動。

投資テーマ❸
住宅・不動産の再生、流通革命

アパマンショップホールディングス

ジャスダック

証券コード
8889

☆―民泊サービス参入を視野に業務提携を進める

傘下にアパマンショップおよび賃貸管理、サブリース会社を持ち、本業回帰で体質が改善しています。連結グループ企業として、主に斡旋事業を展開しているアパマンショップネットワーク、アパマンショップリーシングなどがあります。

店舗数、管理戸数ともに順調に伸長し、月払い保険、家賃保証など付帯商品の内製化が奏功して採算が大幅に改善しています。

営業益が増大するとともに最終的に黒字化。2017年9月期は契約累積増によって付帯商品の寄与拡大が見込まれています。

また、英国、中国、韓国など7カ国語対応の電話オペレーターを設置し、直営店スタッフの接客を支援しており、民泊サービス参入を視野に旅行会社「ぽけかる倶楽部」と業務提携しています。

アパマンショップホールディングス

(8889) 日足チャート

最低購入額：**10万8,200**円
売買単位：**100**株

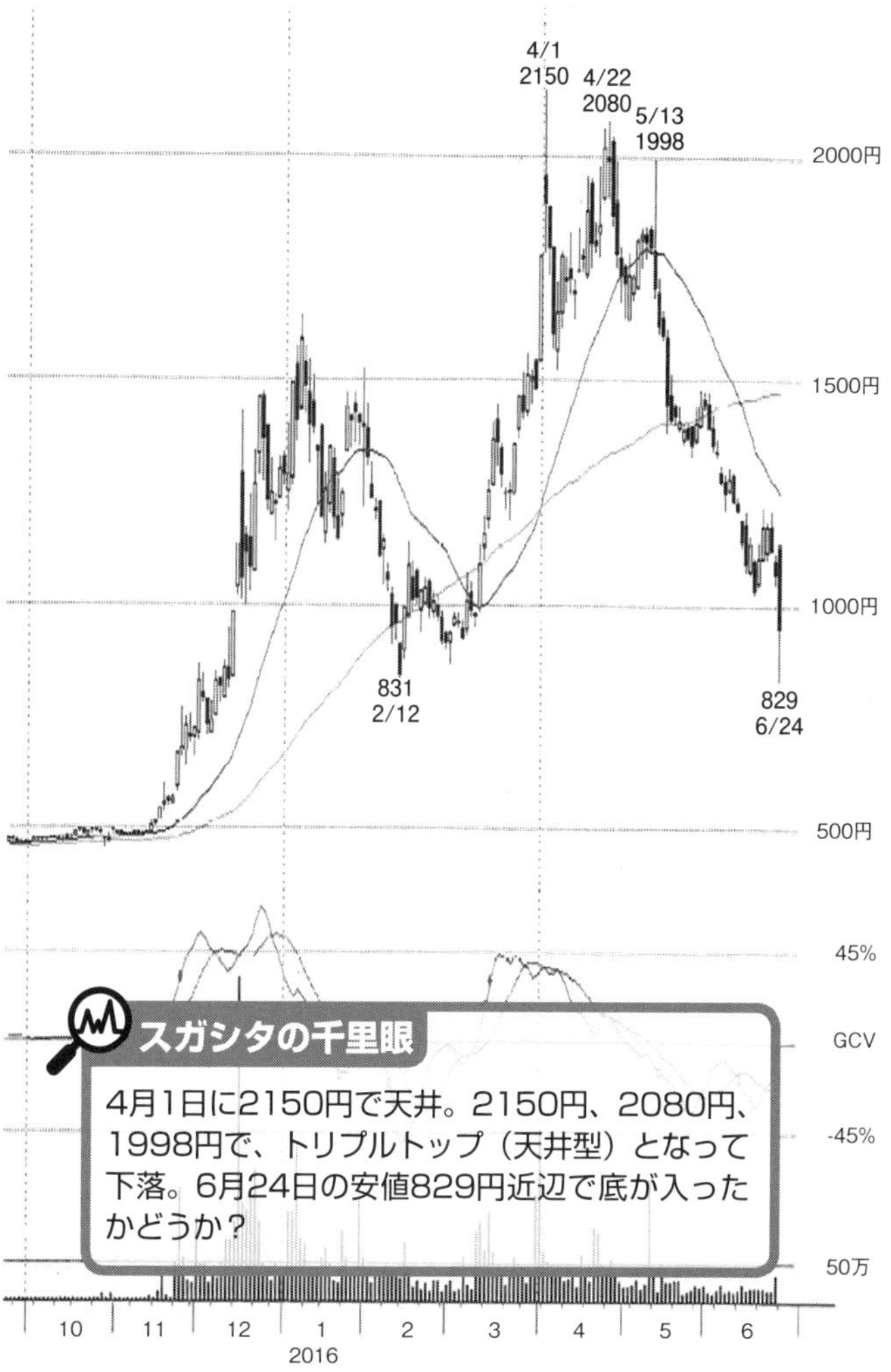

スガシタの千里眼

4月1日に2150円で天井。2150円、2080円、1998円で、トリプルトップ（天井型）となって下落。6月24日の安値829円近辺で底が入ったかどうか？

投資テーマ❸
住宅・不動産の再生、流通革命

シノケングループ

ジャスダック

証券コード
8909

☆——高齢化社会を見据えた事業が拡大

頭金ゼロで可能なアパート、マンション経営を提案して、入居率が98・8％に達していることから好調です。ゼネコン向け、介護事業も手掛けており、ＡＳＥＡＮでも営業拠点を展開しています。

主力のアパート販売は、大阪地区の貢献によって大幅に増加しています。投資用マンションは、採算重視で横ばい傾向にあるものの、ゼネコン向けは首都圏を中心に受注件数を堅調に伸ばしています。介護事業も子会社増が寄与しており、グループ全体で最高益を更新しています。経常利益が当初予想より10％超となれば期末特別増配を3円と見込んでいます。

認知症対応型グループホームおよびサービス付き高齢者住宅が拡大方向にあり、本年内に福岡でグループホームが新設される運びです。

シノケングループ

(8909) 日足チャート

最低購入額：**27万7,300**円
売買単位：**100**株

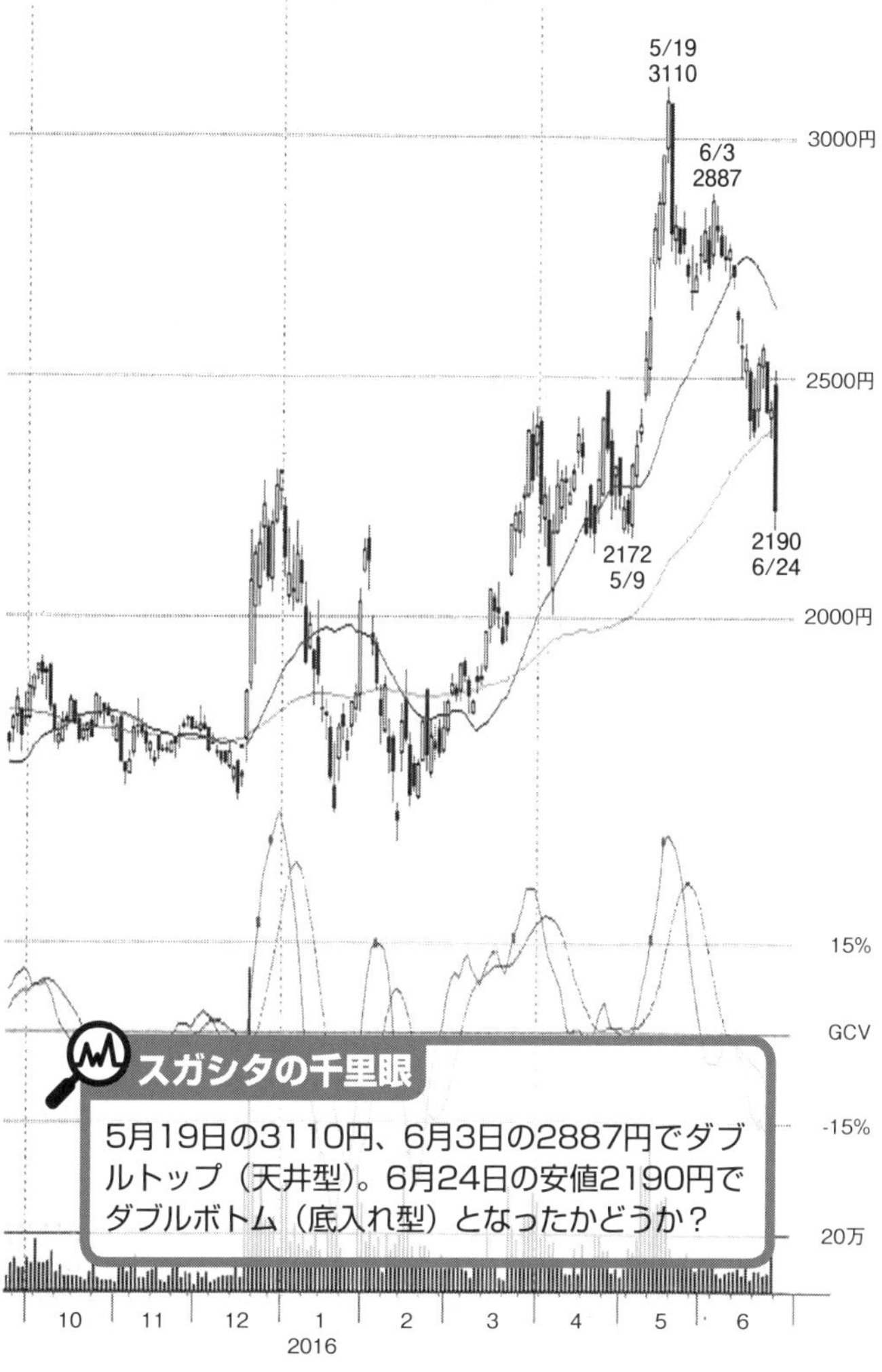

スガシタの千里眼

5月19日の3110円、6月3日の2887円でダブルトップ（天井型）。6月24日の安値2190円でダブルボトム（底入れ型）となったかどうか？

投資テーマ❸
住宅・不動産の再生、流通革命

レーサム

ジャスダック

証券コード
8890

☆—すでに首都圏ほかで民泊事業を展開

富裕層向けに資産運用商品をニーズに応じて組成・販売しており、債権管理回収も取り扱っています。

物件の管理・債権回収は軟調ながら、資産運用は相続税対策などで富裕層の需要が依然衰えず、増勢傾向にあります。

また、商業ビルやオフィスビルなどの販売も着実に積み上がり、業容拡大に伴った人件費増をこなして営業益が増大しています。

過去3年の計画未達成の反省から、大型案件はリスクも大きいだけに事業計画に織り込まず、慎重に開発する方針です。

一方、訪日外国人の増大を見据えて宿泊事業に注力しており、首都圏に加えて京都、福岡で宿泊施設を準備中です。

レーサム

(8890) 日足チャート

最低購入額：**6万9,800**円
売買単位：**100**株

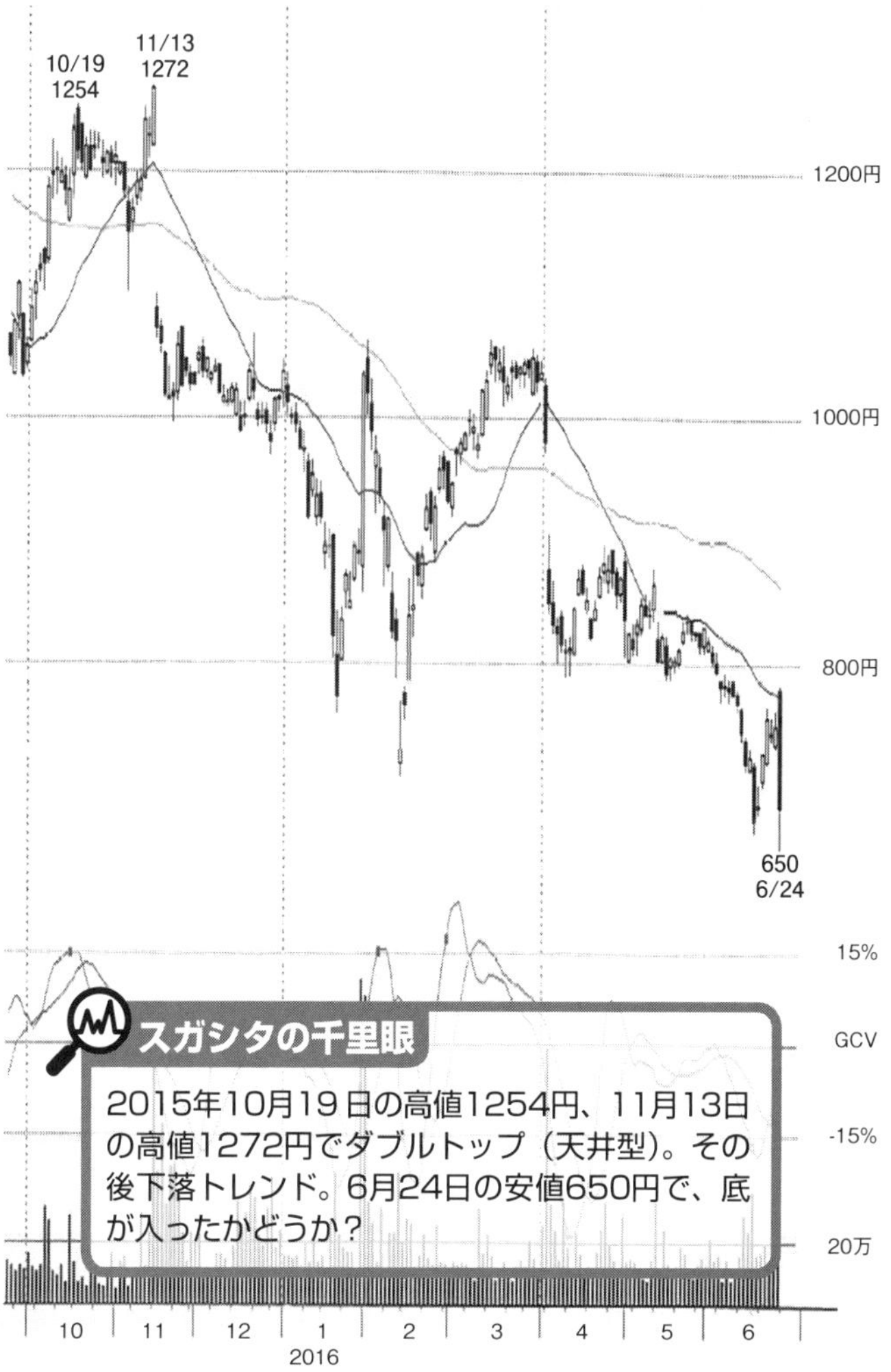

スガシタの千里眼

2015年10月19日の高値1254円、11月13日の高値1272円でダブルトップ（天井型）。その後下落トレンド。6月24日の安値650円で、底が入ったかどうか？

投資テーマ④
逆境でも成長期待の大企業大型株

積水ハウス

東証1部

証券コード
1928

☆──全国直販体制が強みで最高益を更新

1960年に創業され、鉄骨構造の住宅建設で首位を誇っています。木造建築にも注力しており、全国直販体制が強みで海外でも事業展開しています。

前期上半期の好採算物件の売却は剝落したものの、3〜4階建てが請負を牽引し、新商品の効果から1棟当たり単価の上昇、リフォームの再騰、さらには海外事業の黒字化もあって最高益を更新しています。

加えて、設計見直しによる加工費低減、減損・特損も減ったことによって5期連続で増配傾向にあります。

マンションリフォームの新商品投入を図り、自社オーナー以外の取り込みにも注力していることから、早期に売上高2000億円（2016年度の計画では1460億円）達成を目指しています。

積水ハウス

(1928) 日足チャート

最低購入額：**17万5,000**円
売買単位：**100**株

スガシタの千里眼

6月24日の安値1661円で、1月21日の安値1669円、2月12日の安値1608円に対して2番底形成か。当分底値形成が続きそうですが、中・長期的には、業績拡大期待から、再び上昇トレンドへ!?

投資テーマ❹
逆境でも
成長期待の
大企業大型株

花王

東証1部

証券コード
4452

☆—トイレタリー関連商品は国内首位、紙おむつが中国で続伸

ビューティケア、ヒューマンヘルスケア、ファブリック&ホームケア、ケミカルなど、広範な分野で商品の開発・製造・販売を手掛けています。

現在、トイレタリー関連商品は国内首位で、化粧品大手としても知られ、独自の物流・販社システムの保有、原料からの一貫生産を特徴としています。

IFRSへの移行で約30億円、カネボウなどの商標権償却が終了して約110億円が営業益に乗り、紙おむつが中国で続伸、低迷していた国内の化粧品は下げ止まり、利益好伸で連続増配の傾向にあります。

苦戦していたカネボウは今年9月に10年ぶりに新ブランドを投入する運びで、百貨店等の展開で再起を図る模様です。また、中国の店舗向け流通を担っていた上海家化との提携は2016年末に解消し、ECに一段と注力する方針です。

花王

(4452) 日足チャート

最低購入額：**60万8,300**円
売買単位：**100**株

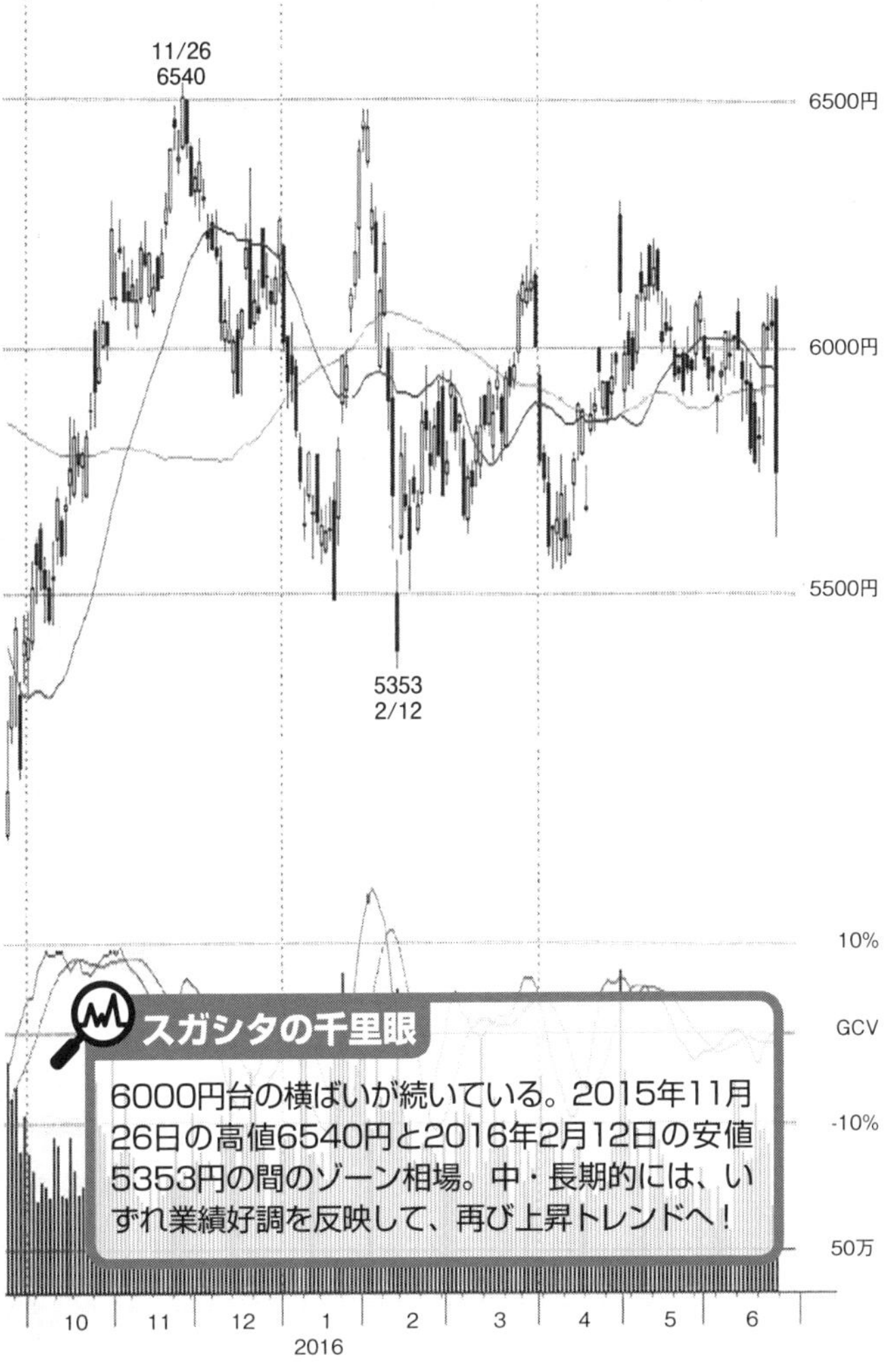

スガシタの千里眼

6000円台の横ばいが続いている。2015年11月26日の高値6540円と2016年2月12日の安値5353円の間のゾーン相場。中・長期的には、いずれ業績好調を反映して、再び上昇トレンドへ！

小野薬品工業

東証1部

証券コード
4528

☆──がん免疫薬「オプジーボ」で注目の銘柄

医療用医薬品等の専業企業で自社開発商品が多く、がん免疫薬「オプジーボ」でがん領域に参入しています。

がん免疫薬は2015年の肺がん効能の追加で一気に大型化し、海外ロイヤルティも続伸しています。

研究開発費と販売費が増えたものの、腎細胞がんやホジキンリンパ腫効能の追加を織り込まない会社計画は、超過達成必至で増配の見込みです。

事業拡大に伴って、山口市に新工場を建設する運びとなっており、2020年の稼働当初は注射剤を生産する予定です。

加えて、大阪府の水無瀬研究所に新棟を建設し、化合物の合成・分析機能を集約する方針です。

小野薬品工業

(4528) 日足チャート

最低購入額：**44万5,300**円
売買単位：**100**株

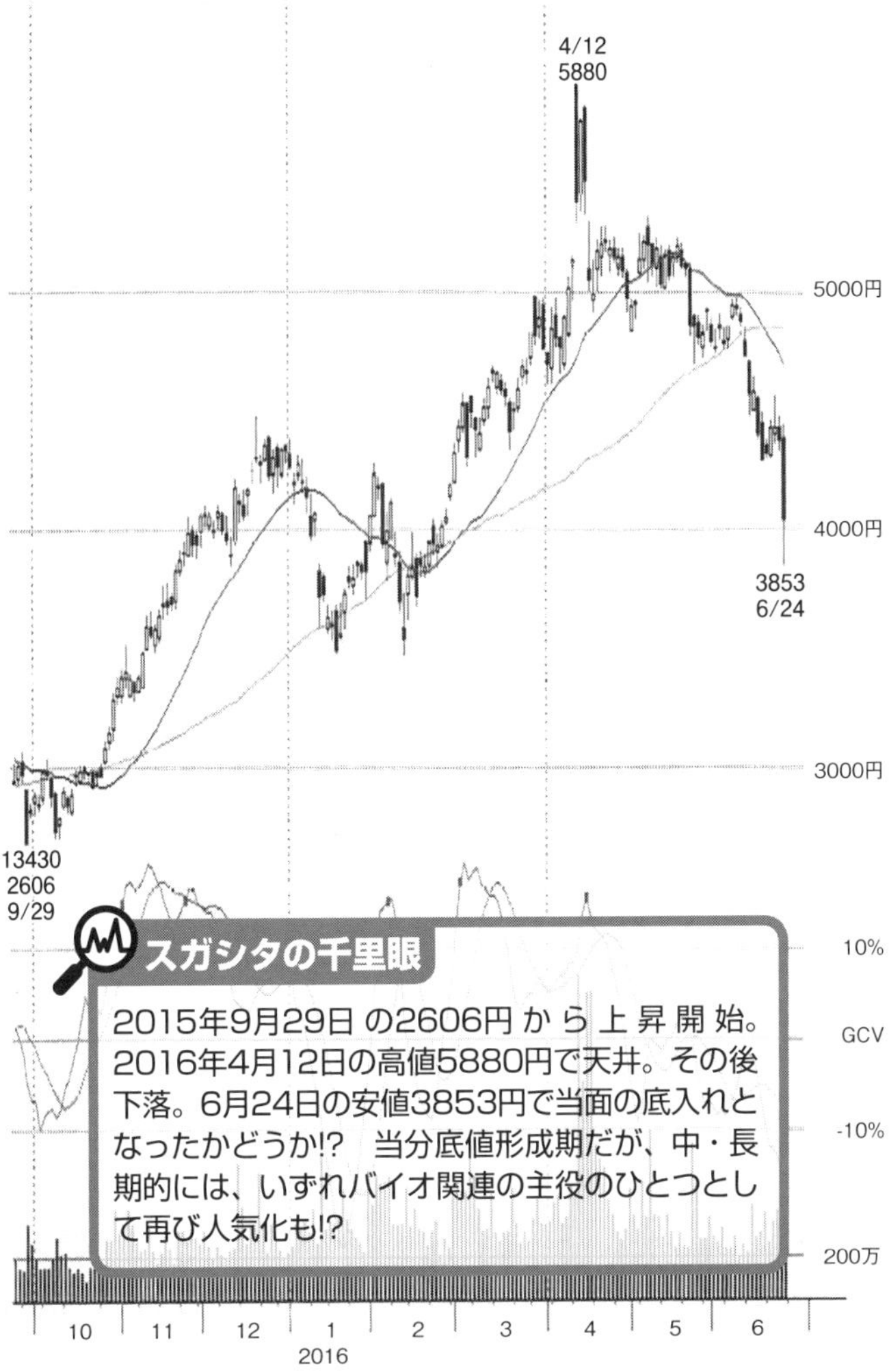

スガシタの千里眼

2015年9月29日の2606円から上昇開始。2016年4月12日の高値5880円で天井。その後下落。6月24日の安値3853円で当面の底入れとなったかどうか!?　当分底値形成期だが、中・長期的には、いずれバイオ関連の主役のひとつとして再び人気化も!?

投資テーマ❹
逆境でも
成長期待の
大企業大型株

富士フイルムホールディングス

東証1部

証券コード
4901

☆──積極的な業態変化で営業益増大

写真フィルムから液晶フィルム、医療機器、医薬品などに事業分野を拡大したことで知られています。

為替変動の逆風もあって液晶フィルムは停滞気味ですが、医療機ITやバイオ医薬品の受託製造が着実に増大しています。インスタントカメラの「チェキ」も好調を持続しており、前期苦戦した複写機は経費削減の効果もあって、総じて営業益増大で連続増配の見込みです。

福島県に医薬品中間体・原薬の新工場を設立し受託生産ビジネスの強化を図る方針で、2017年末稼働を目指しています。

また、医療機ITの分野では、本年5月から処理スピードを向上させた新システムを発売する予定です。

富士フイルムホールディングス

(4901) 日足チャート

最低購入額：39万7,600円
売買単位：100株

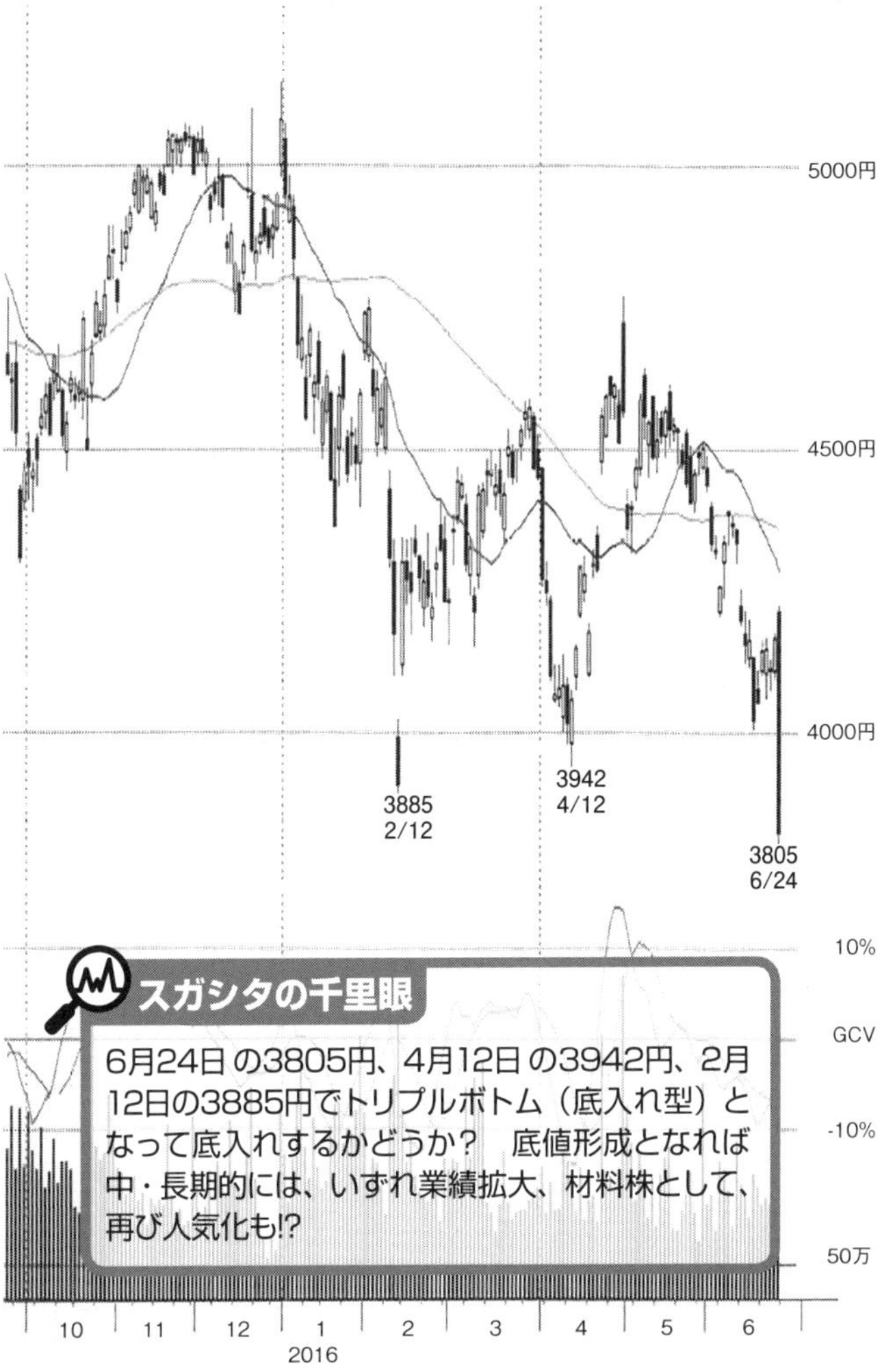

スガシタの千里眼

6月24日の3805円、4月12日の3942円、2月12日の3885円でトリプルボトム（底入れ型）となって底入れするかどうか？　底値形成となれば中・長期的には、いずれ業績拡大、材料株として、再び人気化も!?

投資テーマ❹
逆境でも成長期待の大企業大型株

キーエンス

東証1部

証券コード
6861

☆──世界的なセンサーメーカーで高水準の営業益を維持

日本を代表する世界的なセンサーメーカー、オンリーワン企業として知られています。FAセンサーなど検出・計測制御機器の最大手で、電子応用機器の製造・販売を連結事業としています。

景気減速の懸念が広がる中国向けは、品質管理強化の需要を取り込み増勢基調にあり、2017年3月期は変則決算ながら、全地域で顧客基盤の拡大が継続してFAセンサーが伸長。3Dプリンターや顕微鏡など新分野の展開も功を奏して、人件費をこなして営業益は高水準を維持しています。

また、品質管理強化に向けた画像処理システムの需要が追い風となっていることに加えて、海外での売上比率が向上しており、現地人員の採用を積極的に図り、直販体制の強化を目指しています。

キーエンス

(6861) 日足チャート

最低購入額：**699万9,000**円
売買単位：**100**株

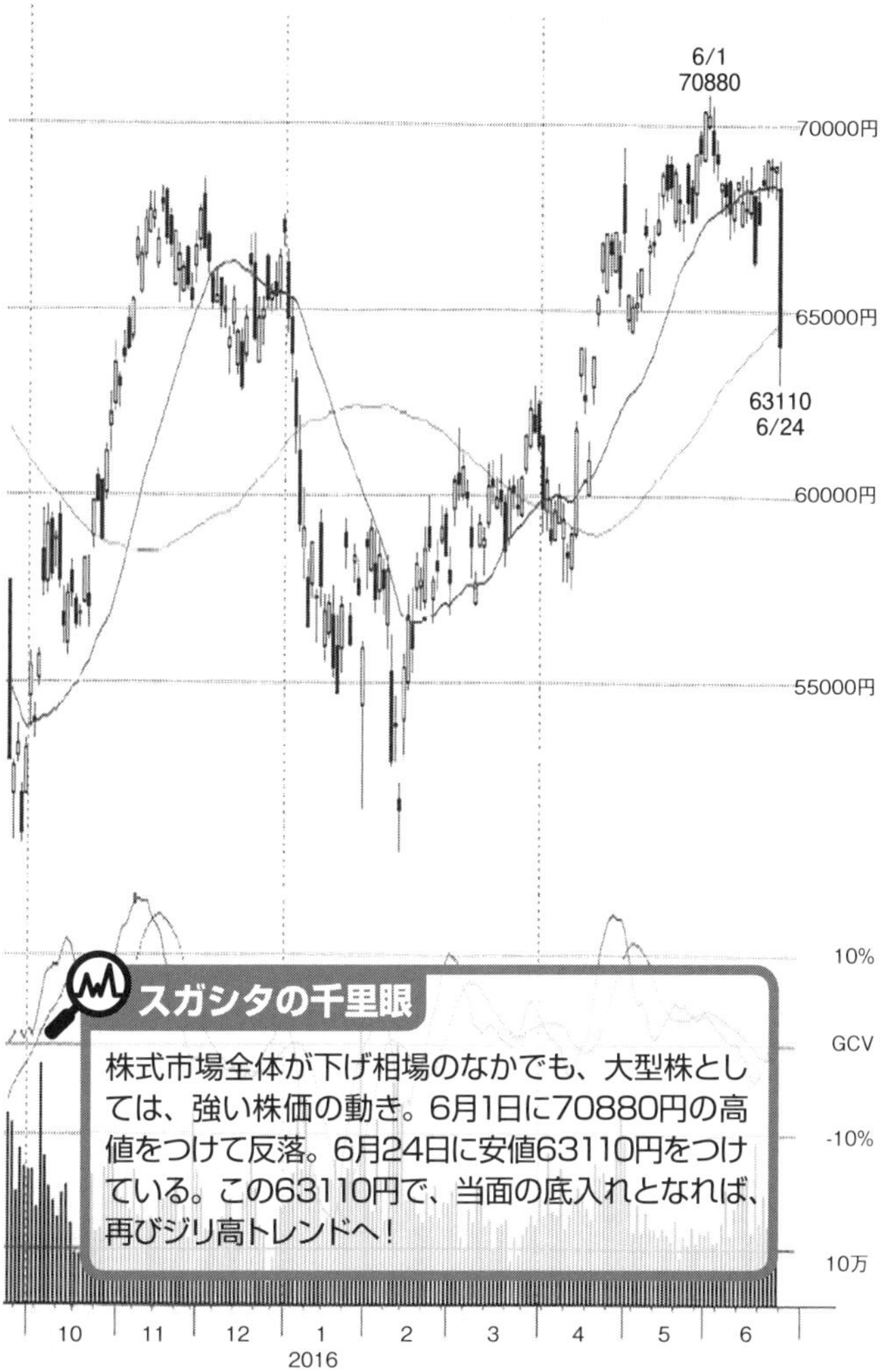

スガシタの千里眼

株式市場全体が下げ相場のなかでも、大型株としては、強い株価の動き。6月1日に70880円の高値をつけて反落。6月24日に安値63110円をつけている。この63110円で、当面の底入れとなれば、再びジリ高トレンドへ！

【著者】
菅下清廣　（すがした・きよひろ）
スガシタパートナーズ株式会社代表取締役社長。国際金融コンサルタント、投資家。ウォール街での経験を生かした独自の着眼点、オリジナルの「波動理論」でイベント・相場を先読みし、日本と世界経済の未来を次々と的中させてきた「富のスペシャリスト」として知られる。「経済の千里眼」の異名を持ち、政財界にも信奉者が多い。
ベストセラーになった『今こそ「お金の教養」を身につけなさい』『一生お金に困らない子供を育てる45のルール』（以上、PHPビジネス新書）、『2020年までにお金持ちになる逆転株の見つけ方』（青春新書プレイブックス）、『これから3年でお金持ちになる株式投資超入門』（徳間書店）のほか、『資産はこの黄金株で殖やしなさい！』『【2016-2017】資産はこの黄金株で殖やしなさい！ Vol.2』（以上、実務教育出版）など著書多数。

株価の解説・予測をメールで読める！
菅下清廣 無料メールマガジン『スガシタレポート オンライン』
詳しくはこちらから！　http://sugashita.jp

編集協力／草野伸生

2年で1億円！

2016年8月1日　第1刷発行

著　者　菅下清廣
発行者　唐津　隆
発行所　株式会社ビジネス社
〒162－0805　東京都新宿区矢来町114番地　神楽坂高橋ビル5F
電話　03－5227－1602　FAX 03－5227－1603
URL　http://www.business-sha.co.jp/

〈カバーデザイン〉常松靖史（チューン）〈本文DTP〉茂呂田剛（エムアンドケイ）
〈印刷・製本〉モリモト印刷株式会社
〈編集担当〉大森勇輝　〈営業担当〉山口健志

ISBN978-4-8284-1900-8